하루 만에
끝내는
베트남
대박투자

베트남 부동산 · 주식 · 산업 투자 가이드

하루 만에
끝내는
베트남
대박투자

김현수 · 유은길 지음

한국경제신문

가장 쉽고, 가장 정확한
베트남 투자 가이드

베트남에 대한 우리 기업 및 투자자들의 관심이 그 어느 때보다 높다. 사드 보복으로 시작된 우리 기업들의 탈중국 러시, 국내 최저임금 및 노동 시간 단축 등에 따른 제조업의 탈한국 행렬, 국내 경기 위축에 따른 해외 부동산 및 주식 투자 열기가 이에 불을 지피고 있다. 정부의 신남방 정책 추진과 북한 개혁·개방의 모델로 베트남이 지목된 점도 베트남에 대한 관심을 부추기는 요인이다. 뿐만 아니라 사회문화적으로도 두 나라는 더욱 가까운 사이가 됐다. K-POP 및 드라마를 중심으로 한 문화 한류, 박항서 감독을 매개로 한 축구 한류 덕분이다. 베트남은 한국의 국제결혼 1위, 동남아 여행 선호도 1위를 차지한 국가이기도 하다.

그러나 베트남에 대한 제대로 된 정보는 부족한 실정이다. 정보가 있다 해도 분절적이고 한정된 내용이거나 심지어 틀린 내용도 많다. 베트남은 사회주의 국가로 개방 정책을 취했기 때문에 우리와는 다른 점이 많아 따져볼 것들이 많다. 그래서 철저한 사전 연구와 현장 조사가 필요하다. 그런데 우리의 '빨리빨리' 문화가 준비 없이 서두르기만 하는 기업과 투자자들을 양산하고 있다. 의외로 투자 실패 사례들이 많은 것은 바로 여기에 이유가 있다. 그래서 한국경제미디어그룹은 베트남 등 아세안 진출 및 투자를 돕기 위해 K-VINA비즈센터를 설립했다. 이 책은 해외 진출을 하려는 우리 기업과 투자자들의 성공 확률을 높이기 위해 저자들이 내놓은, 센터 활동의 응축된 결과물이다.

이 책의 지향점은 전문성, 대중성, 효율성 이 세 가지다. 베트남 진출과 투자에 대한 정확한 최신 정보만을 담아 전문적인 내용으로 구성되어 있다. 또한 교수 및 기자, 컨설턴트라는 저자 직업을 바탕으로 한눈에 들어오는 자료와 사례들을 예시해 아주 읽기 쉽게 썼다. 특히 베트남으로 가는 비행기 안에서 쭉 읽으면 웬만한 진출 준비와 투자 분석은 할 수 있을 정도로 효율적인 안내를 하는 데 주안점을 뒀다. 베트남 투자에 대한 전문적이고 풍부한 내용을 이보다 더 쉽고 명확하게 안내한 책은 국내에 없다고 감히 말씀드릴 수 있다.

김현수는 1992년 6월 처음으로 베트남 땅을 밟았다. 상사맨으로 시장 조사를 하기 위해서였다. 한국과 베트남이 정식 수교를 맺기 전이었다. 당시 베트남은 공산화 이후 아직 전쟁의 상흔이 채 가시기 전이어서 도시 분위기는 침울했다. 하지만 미래 시장 전망이 밝다고 보고 그 이듬해인 1993년 베트남 호찌민에 상사 주재원으로 진출했다. 한국 교민이 3백명이 채 되지 않던 시기였다. 그 후 김현수는 7년간 지사장 생활을 하며 베트남 시장을 몸으로 배웠다.

베트남 주재원에 앞서 김현수는 아프리카 가봉, 카메룬, 세네갈 등 오지에서 글로벌 상사맨으로서의 기초를 닦았다. 남들이 가지 않는 길을 먼저 가서 몸으로 배우는 것은 청년 김현수에게 운명과도 같은 것이었다. 2000년 고국으로 돌아온 김현수는 국내 부동산 시장 성장기를 맞아 부동산학 공부를 하며 부동산 컨설턴트로서의 새 삶을 시작했다. 베트남 투자 시장 조사와 진출 상담은 이후에도 계속됐다. 상사맨과 부동산 전문가로 상징되는 김현수는 지난 27년간 베트남의 성장을 몸소 체험하며 국내 최고의 베트남 전문가로 자리매김하고 있다.

유은길은 1992년 3월 처음으로 베트남을 마주했다. 현장이 아닌 책을 통해서였다. 정치학도로 동남아정치론 수업에 심취한 유은길은 강한 민족성에 성장 잠재력이 큰 베트남에 특히 매료되었다. 이듬해인 1993년 유은길은 학부생으로는 이례적으로 베트남에 대한 연구논문으로 교내에서 총장 표창을 받았다. 1995년 초에는 당시 위험하다고 모두가 만류하던 동남아 배낭여행을 홀로 떠나 동남아 현장을 몸으로 배웠다.

졸업 후 유은길은 기자 생활을 시작했다. 정치·사회·문화·스포츠·경제·산업·부동산·증권 등 거의 모든 취재 영역을 돌았다. 특히 글로벌 오지 건설 현장을 누비며 다수의 산업 다큐멘터리 기획 제작으로 현장 체험을 많이 했다. 국내외 부동산을 오래 취재하며 국내 첫 데일리 부동산 전문 방송과 경제 메인 뉴스 앵커도 맡았다. 취재원들 권유로 부동산학을 공부했고, 특히 미국과 동남아 등 해외 부동산에 대해 연구했다. 20년 기자 생활을 하며 베트남에 대한 관심은 놓지 않았다. 현장 기획 취재와 부동산 전문가로 상징되는 유은길은 국내 최고의 해외 부동산 전문기자로 자리매김하고 있다.

김현수와 유은길은 부동산학 공부를 하며 알게 됐다. 서로 다른 길을 걸어왔지만 공통 관심사는 베트남이었다. 시장 잠재력이 매우 크다는 것에 서로 공감했다. 하지만 2008년 글로벌 금융 위기 이후 베트남 시장이 침체기를 겪어 아직은 아니라고 판단했다. 그런데 드디어 때가 왔다. 2010년 이후 성장의 발판을 마련한 베트남이 2015년 외국인에게 부동산 투자를 개방한 것이다. 이제 기회가 온 것이다. 마침 한국경제미디어그룹은 해외 시장으로의 콘텐츠 확대를 모색했다. 많은 내부 논의 끝에 계열사인 한국경제TV는 2017년 베트남 등 해외 진출 지원 서비스 기구인 K-VINA 비즈센터를 설립했다. 이 조직체를 통해 유은길은 센터장으로, 김현수는 수석전문위원으로 한 몸을 이루게 됐다.

이 책은 K-VINA비즈센터 설립 후 많은 세미나와 상담, 방송 등을 통해 반복적으로 제기된 기업과 투자자, 창업 준비자들 문의에 대한 두 사람의 진지한 답변이다. 베트남에 대한 관심은 높지만 막상 정통한 정보를 찾기란 쉽지가 않다. 베트남에 관심 갖는 대부분의 사람들은 시중에 떠도는 소문과 주위 지인들의 얘기를 그냥 진실로 믿고 있다. 해외 진출과 투자는 그렇게 단순한 것이 아닌, 많은 공부와 조사가 필요하다. 그러나 대부분 해외 시장은 어렵다고 느끼며 막연한 두려움도 갖고 있다.

그래서 김현수와 유은길은 가장 쉬우면서도, 가장 정통한 베트남 진출 투자 안내서를 만들기로 했다. 이것은 센터 설립의 근본 취지이기도 하다. 두 사람은 그동안의 현장 경험과 지식 그리고 센터 협력 기관인 대한상공회의소, 중소기업중앙회, 코트라(KOTRA), 베트남 정부, 주한 베트남대사관 등의 공식 자료, 국내외 많은 센터 전문위원들의 조언 등을 모두 농축해 국내에서 가장 쉽고 가장 정확한 베트남 진출 투자 안내서를 만들고자 노력했다.

특히 두 명의 저자가 서로 다른 필체로 내용을 나눠 쓰는 것이 아니라 같은 필체로 하나의 통일성을 이루기 위해 공동 작업에 많은 시간을 할애했다.

따라서 독자들은 편히 볼 수 있는 동일한 문체로 베트남에 대한 많은 정보를 접할 수 있을 것이라 확신한다. 베트남 진출을 준비 중인 기업인, 기관 및 개인 투자자, 해외에서 '인생 2모작'을 준비하시는 분, 창업 준비자, 청년 학생들에게 도움이 되는 내용을 담고자 노력했다. 이 책을 통해 단 한 분의 독자라도 베트남 진출과 투자에 대한 성공 확률을 높일 수 있다면 그것으로 두 저자의 수고는 충분한 보상이 될 것이다. 부디 독자들의 개척 정신으로 대한민국의 해외 시장이 더 넓어지고 성공 투자의 기회가 더 많아지기를 기원한다.

CHAPTER 6

베트남에서 성공하기 위한 노하우

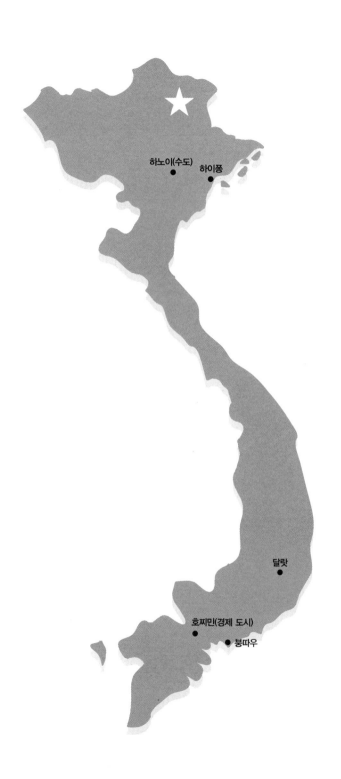

하노이(수도)
하이퐁

달랏

호찌민(경제 도시)
붕따우

CHAPTER

1

베트남 투자로
대박 터뜨리기

베트남 투자, 지금이 최적기다

베트남 대도약기가 오고 있다. 베트남은 현재 '포스트 차이나', '차세대 세계 공장'이라는 표현이 전혀 어색하지 않을 정도로 급부상하고 있다. 특히 거시 경제 지표가 견실하다. GDP 성장률이 지속적으로 6~7%대를 상회하고 2018년 경제 성장률은 7.08%로 집계되었다. 소비자물가 상승률은 3~4%로 안정적으로 유지되고 있고, 환율도 미·중 무역 전쟁으로 부정적인 영향을 받고 있는 상황에서도 비교적 완만한 평가절하 추세를 유지하고 있다. 또한 중산층이 급속히 증가하는 상황이며 IT·외식·레저·관광·교육·유통·홈쇼핑·건축·부동산·패션·성형·화장품 분야 등이 급성장 중이다.

2018년 12월 말 기준 무역수지는 약 74억 달러 흑자였다(수출 2,237억 달러, 수입 2,163억 달러). 외환 보유액은 약 600억 달러이며 실업률은 3%대를 유지하고 있다. 실제로 2018년 베트남 경제 성장률은 7.08%로 당초 전망치를 웃돌며 세계 최고 수준을 기록했다. 코트라 무역관과 베트남 기획투자부(MPI)에 따르면 우리나라는 베트남에 대한 외국인 투자국 세계 1위다. 1988년부터 2019년 4월 20일까지 누계로 우리나라의 대베트남 총 투자는 7,745개 프로젝트, 총 투자 금액은 643억 달러로 집계된다. 우리나라의 대베트남 투자에 본격적인 가속도가 붙은 셈이다.

베트남은 우리나라의 3대 교역 국가로 부상했고 아세안국가 중 우리나라 제1의 협력 국가로 자리매김했다. 여기에 정부의 신남방 정책과 맞물려 가장 중요한 핵심 파트너 국가로 양국 간 협력이 더욱 가속화되고 있다. 한마디로 한국과 베트남은 경제 협력은 물론 정치·문화·스포츠·사회적으로 더욱 가까워지면서 앞으로 한국 기업들의 베트남 진출은 더욱 늘어날 것으로 예상된다. 최근 국내 기업들 사이에 '베트남 열풍'이 불고 있는 데는 많은 이유가 있다. 그중 첫 번째는 베트남 자체의 경쟁력, 두 번째는 중국 변수, 세 번째는 경제 협력을 포함한 스포츠 문화 교류 증대, 마지막으로는 베트남 경제의 핵심으로 자리 잡은 삼성, LG 등 다수의 한국 기업 때문인 것으로 보인다.

삼성, LG 등 글로벌 국내 기업이 베트남에 진출하면서 2차, 3차 협력사들의 연쇄 진출 효과가 나타나고 있는 것이다. 특히 처음으로 해외 시장에 나가고자 하는 국내 기반 중소기업의 경우,

친근한 이웃 기업들의 진출 사례를 지켜보며 조금은 편안한 마음으로 베트남 진출을 적극 타진하고 있다. 중국의 사드 보복 행위로 인한 몰상식한 횡포를 지켜보면서, 우리 기업인들이 정치·경제적으로 전략적 균형이 필요하다는 사실, 즉 위험 분산을 위한 해외 사업장의 포트폴리오가 필요하다는 것을 절감했다. 그래서 우리 기업들은 우리나라 전체 무역의 약 1/4을 차지하는 중국 시장 의존도를 낮추고 동남아 등 다른 나라에서 대체 시장을 확보하려는 본격적인 노력을 시작했다.

베트남은 1986년 도이머이 정책(개혁·개방 정책) 도입 이후 약 30년간 '잠재력이 높은 시장'으로 주목을 받았다. 그런데 이제는 실제적으로 '잠재력을 입증하는 단계'에 진입했다. 베트남 기획투자부에 따르면 2018년 말 베트남 전체 인구가 약 9,700만 명이고, 그중 35세 미만의 젊은 노동력이 약 5,400만 명(56%, 2018년 UN 통계 기준)이다. 임금도 중국과 태국의 약 50% 수준으로 저렴한 편이다.

또 주목해야 할 점은 베트남 중산층의 소비가 급성장하고 있다는 점이다. 베트남 정부의 2020년도 1인당 GDP 목표액은 3,200~3,500달러다. 이런 추세로 계속 발전한다면 2022~2025년경에는 1인당 GDP가 약 5,000달러에 도달할 수 있을 것으로 예상된다. 그렇게 될 경우, 베트남 내수 소비 시장에 대변혁기, 즉 빅뱅이 있을 것으로 예측된다. 가령 해외여행 수요가 급증한다거나 자가용

구입 수요 폭증, 중산층의 고급 소비재 소비 욕구 등이 매우 커질 것으로 판단된다.

베트남은 사실 최근 처음으로 국내 기업들의 관심을 받은 것이 아니다. 과거부터 많은 진출들을 통해 지속적으로 관심을 받은 곳이다. 물론 베트남 경제가 몇 년 전에는 글로벌 금융 위기 여파로 시장 침체기를 겪기도 했다. 글로벌 금융 위기 때인 2008년 초부터 베트남 경제가 갑자기 곤두박질쳤다. 베트남은 그때부터 약 6년간 엄청난 인플레이션과 금리 상승, 실업 사태, 부동산 가격 폭락, 베트남 외환(디폴트) 위기설 등 베트남 민·관 모두 대단히 어려운 시련의 시기를 거쳤다. 하지만 그 시기가 결과적으로는 베트남의 장기 미래 발전을 위해 귀한 보약 역할을 한 셈이 되었다.

1986년 도이머이 정책 도입 이후 2007년까지 약 20년간 베트남에는 외국인직접투자(FDI) 러시 분위기로 흥청망청한 분위기가 퍼졌다. 베트남 정부가 굳이 외국인 투자 우대 정책을 홍보하지 않았음에도 전 세계 10대 자동차 기업을 비롯한 글로벌 대기업들이 앞다투어 몰려들어왔다. 이로 인해 부정부패와 함께 이른바 베트남의 콧대가 한없이 높아졌다. 그런데 2008년부터 FDI가 급감하고 신규 진출을 검토하던 외국인 투자 기업들의 투자 중단이 이어졌다. 이미 투자 인허가를 받은 외국인 투자 기업들마저도 투자를 취소하거나 규모를 줄여, 외국 자본 등 대외 경제변수의 영향을 많이 받는 베트남 경제 구조상 경기 침체의 나락으로 끝없이 빠져들어갔던 것이다.

그러한 시련의 시기를 겪으면서 베트남 정부와 국민들이 외국인 투자자들의 역할과 소중함을 깊이 깨달았다. 베트남은 이런 과정을 통해 겸손해지고 자세를 낮추게 되었다. 이러한 배경을 바탕으로 최근 베트남 진출 및 투자가 재조명받고 있다. 특히 베트남 정부의 적극적인 FDI 유치 노력이 효과를 발휘했다.

베트남은 경기 침체기의 뼈아픈 과정을 거친 후 FDI 기업에 대한 베트남 정부의 법인세 감면 등 외국인 투자 우대 제도 시행, 개방 정책 확대, 해외 투자 유치를 통한 경제 발전 모델 구축, FTA 및 포괄적·점진적 환태평양경제동반자협정(CPTPP) 등 세계 경제 무역 협정을 적극 추진했다. 또한 베트남은 수출 경쟁력 강화, 세계 경제로의 편입, 사회간접자본 투자 확대, 정치적 안정과 정책의 일관성 등에 노력했다. 이로 인해 2014년 이후부터 베트남 경제는 회복 국면에 진입했고 2016년부터는 경제가 급성장하는 모습을 보이고 있다.

특히 아세안경제공동체(ASEAN Economic Community, AEC) 발효로 베트남을 비롯한 아세안 10개국이 단일 역내권이 됐고, 단일 생산-단일 소비 시장(Single Market and Production Base)으로 관세 장벽이 없어졌다는 점에서 베트남은 전략적 입지 및 아세안 진출

교두보로서 중요하게 자리매김하고 있다. 이 밖에 종교, 민족, 지역 갈등이 없고 가족 중심의 효(孝) 문화와 높은 교육열, 문화 기질의 유사성, 풍부한 지하자원과 커피, 쌀 등 농수산물 또한 국내 기업들의 베트남 진출을 촉진하는 요인이 되고 있다.

이러다 보니 베트남 투자 시장이 뜨겁게 달아오르고 있다. 베트남 부동산 개발사인 NHO에 따르면 호찌민 시내 2018년 땅값이 2013년 대비 12배 상승했다. 말 그대로 6년 만에 땅값이 1,200퍼센트가 올랐다면 2012년 말에 투자한 사람 입장에서는 잭팟을 터뜨린 것이다. 중요한 시사점은 최근의 베트남 고도 경제 성장기에 따른 1인당 GDP 성장률과 부동산 시장 가격 상승 패턴이 한국의 지난 1985년에서 1986년의 상황과 매우 흡사하다는 것이다. 그렇다면 향후 몇 년 이내 한국의 1988년에서 1989년도와 같이 베트남에도 1인당 GDP의 급상승과 함께 부동산 및 주택 가격의 대변혁기, 즉 수직 상승기(폭등기)가 올 것으로 예측되고 있다는 것이다.

사실은 베트남뿐 아니라 인근 국가인 캄보디아, 미얀마, 필리핀 부동산 시장도 현재 매우 뜨겁다. 그 배경으로는 이들 국가들이 경제 발전을 위한 대외 개방 정책을 적극 실시한 가운데 '차이나머니'의 유입이 시기적으로 잘 맞아떨어졌기 때문이다. 따라서 우리는 각 국가, 특히 베트남 내부의 경제 정책 및 시장 상황과 함께 대외 경제변수를 같이 잘 살펴봐야 한다. 여기서 베트남만 한정지어 요약한다면 지금 추세대로 경제 상황이 계속 진행된다고 가정할 경우 베트남 시장의 대도약기가 오고 있다고 판단된다. 이는 두 필자만의 얘기가 아니다. 국내 공신력 있는 모든 대외 기관들의 공통적인 평가다.

최근 베트남 현지 코트라 무역관 및 현지에 진출한 국내 은행들, 투자증권사, 대한상공회의소 및 코참 등 주요 기관장들 그리고 대기업 현지 법인장들은 미국과 중국의 무역 전쟁 등 대외 변수에 의한 부정적인 영향은 일부 받겠지만 향후 5년간 베트남은 연간 7% 정도 내외의 경제 성장을 지속할 것이라고 이구동성으로 예측하고 있다. 이런 긍정 평가들을 종합하면 베트남은 10년 이상 지속적으로 고성장할 것이 예측되고 있는 것이다. 성장이 누적되면 향후 수년 내 일명 '폭풍 성장'의 시기가 온다고 볼 수 있다. 이런 베트남 대도약기에 따른 고도성장의 과실을 공유하기 위해 우리는 지금 준비해야 한다.

02

최근 투자 시장 동향은 어떨까

글로벌 부동산 서비스 회사인 CBRE 베트남에 따르면 2016년부터 2019년 현재까지 베트남 부동산 시장은 베트남 현지인은 물론 한국, 중국, 일본, 싱가포르, 대만, 태국, 유럽 등 외국인 투자자들의 투자 열기가 지속되고 있다. 외국인 중 특히 우리나라 투자자들의 특성을 보면 한국 내부 거주자들은 물론 중국 거주 경험이 있는 한국인 또는 해외 교포들이 많이 투자하고 있다는 점을 눈여겨볼 필요가 있다.

베트남 현지 부동산 TD중개법인은 중국에 거주하는 한국의 해외 교포들이 대거 베트남 투자에 나섰다고 귀띔해주었다. 이들은 중국 베이징과 상하이에 거주하면서 최근 10~15년 사이 중국 부동산·주택 가격의 급상승을 온몸으로 체험한 세대라는 특징이 있다. 실제 투자를 통해 10배 이상의 큰 시세 차익(Capital Gain)을 경험한 부류와 투자를 망설이다가 타이밍을 놓친 교포들로 극명하게 구분된다. 이들은 과거 성공과 실패를 거울삼아 최근 베트남을 대거 방문해 아파트, 주택 등을 공격적으로 구입하고 있는 것이다. 실제 K-VINA센터가 국내에서 부동산 세미나 및 상담 행사를 개최했을 때 한국에 거주하는 조선족 그리고 중국인들이 베트남 투자 상담을 의뢰하는 경우가 다수 있었다. 이들은 중국 부동산 가격 폭등기를 경험한 뒤 베트남 시장 역시 곧 그런 시기가 올 것이라고 확신하는 분위기였다.

이렇게 베트남 부동산 및 주택 시장 분위기를 급격히 달구고 있는 결정적인 변수 중의 하나는 '베트남 개정 주택법 및 외국인의 주택 소유 허가 제도' 시행 때문이다. 그동안 외국인은 베트남 부동산에 합법적으로 투자를 할 수 없었는데 최근 이를 베트남 정부가 바꾼 것이다. 즉 외국 법인 또는 개인은 2015년 7월부터 베트남의 개발 프로젝트에 의해 시행되는 아파트와 단독주택, 연립, 빌라에 자유롭게 투자할 수 있게 되었다. 다만 소유 기간은 50년간(1회 연장 가능, 총 100년)이며 투자 가구 수에는 제한이 없다. 개인은 월세 임대가 가능하고 법인·개인 공히 매매, 증여, 상속, 근저당권 담보 제공, 교환 등이 가능하다. 이러한 외국인의 부동산 투자 자금이 베트남에 유입되면서 베트남 경제 개발에 큰 도움이 되고 있는 것이다.

개인의 경우 여권에 입국 도장만 찍혀 있다면 비거주자라도 베트남 주택을 구입, 계약할 수 있다. 또한 '임대·상속·증여·매매·교환·담보권' 등을 행사할 수도 있다. 단 법인은 임대를 할 수 없고 직원용으로만 사용할 수 있으며 나머지는 개인과 동일하다. 외국인의 베트남 주택 구입 수량에 제한은 없다. 단, 외국인의 경우 프로젝트에 의해 개발·건축된 주택에 한해 구입 가능하고, 아파트의 경우 해당 프로젝트 전체 가구의 30%만 구입 가능하다(예를 들면 100가구가 있다면 외국인은 30가구만 구입 가능). 그리고 단독주택의 경우에는 해당 '동' 단위 지역 내에서 250가구만 외국인이 구입 가능하다. 예를 들어 삼성동 지역이라고 가정할 경우 이 동네에서 단독주택 250가구만 외국인이 구입 가능하다.

외국인이 구입 및 등기소유권, 일명 '핑크북'을 받을 수 있는 주택·아파트 물건은 '프로젝트에 의해 건설된 신규 분양 물건(준공 또는 미준공 주택·아파트로서 아직 최초의 구입자가 없는 시행·개발사 소유 상태 물건)' 및 외국인이 소유 중인 물건을 재구입할 경우다. 가령 베트남인이 최초 수분양자인 물건은 외국인이 다시 구입할 수 없고 외국인이 적법하게 구입·소유 중인 아파트·주택은 다시 외국인 또는 베트남인에게 매도할 수 있다. 단, 유념할 점은 적법하게 구입한 아파트라도 준공 후 약 일 년 후에나 일명 '핑크북'이라는 등기소유권 증서가 나온다는 점이다. 특히 호찌민 지역은 다른 지역에 비해 더 늦게 증서가 나오고 있다. 이러다 보니 핑크북

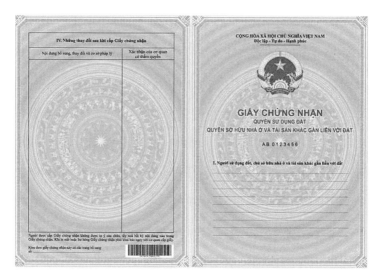

부동산 등기소유권에 해당하는 서류. 베트남에서는 '핑크북' 이라고 부른다.

이 나오기 전까지는 미등기전매 형식으로 매매가 이뤄지고 있는 실정이다.

지난 2008년 글로벌 금융 위기로 인한 자본 유출 및 금리 급등으로 2008년도에 부동산 버블 붕괴가 있었다. 그 후 베트남은 2012년부터 무역 흑자로 인한 동화 변동성 완화와 물가 안정으로 금리 인하 단행, 부동산 하락세 제한, 부동산 수요 확대를 위한 정부의 부동산 경기 부양책 등의 영향으로 2014년부터 부동산 가격이 회복 및 상승세로 접어든 것으로 평가된다.

2019년 현재 베트남 부동산 시장의 하락 가능성은 낮아 보이며 오히려 계획 및 건설 중인 수많은 베트남 인프라 투자 확대 프로젝트들은 부동산 시장에 긍정적으로 작용할 것으로 예측된다. 또한 호찌민, 동나이, 붕따우, 하노이, 하이퐁, 다낭 등 주요 도시의 빠른 도시화 비율 확대 추세, 지하철·도로·철도 등의 교통망 확충, 외국인 주택 소유 허가 제도 등이 시너지효과를 발생시켜 결국 부동산 수요 확대로 이어질 것으로 판단된다.

예컨대 도시화 비율은 2018년 말 기준 약 40%인데 2020년에 약 45%가 될 예정이며 특히 호찌민시의 경우 고속도로 확장, 사이공 강 교량 추가 건설, 국제 공항 및 지하철 건설이 추진되고 있다. 고속도로 건설 마스터플랜에 의하면 2030년도 고속도로 총 길이는 현재 대비 10배인 7,111km다. 이와 같이 인프라 투자 확대로 인한 도시화 증대와 경제 성장에 따른 실질 소득 증가는 부동산 시장 활성화에 대폭 기여할 것으로 예상된다.

03

베트남에 투자해야 하는 진짜 이유

우리나라 베이비붐 세대인 50대~60대 약 723만 명이 이미 은퇴를 했거나 은퇴를 앞두고 있는 상황이다(2018년 5월 기준). 5060 세대는 한국전쟁으로 폐허가 된 대한민국을 세계 10대 경제 강국으로 일으켜 세운 70세~90세(1세대)의 뒤를 이은 2세대다. 자기 자신보다는 가족과 조국을 위해 물불 안 가리고 앞만 보고 달려온 '헌신의 세대'다. 그랬던 5060 세대가 최근 대거 은퇴를 하고 있다. 더욱이 이 세대는 이른바 '낀 세대'라고 불린다. 노부모 봉양과 자녀 부양까지 부담하느라 경제적 수입이 계속 필요한 경우가 많다. 즉 은퇴 후에도 일자리가 필요한 실정이다. 또한 수명 자체가 늘어나 100세 시대를 맞아 가능하면 일할 수 있는 시기를 개인적으로 늘려 잡고 준비하는 것이 필요하다.

그런 관점에서 우리나라 5060 베이비붐 세대들이 국내 현실에 자포자기 또는 안주하지 말고 다시 한 번 30년 전의 진취적인 정신을 가지고 베트남 등 해외로 나가야 한다고 생각한다. 이것은 우리나라 국가 경제력 유지 및 국가 자원 재활용 차원에서도 중요한 일이다. 더군다나 100세 장수 시대를 맞아 베이비붐 세대가 향후 30~40년 동안 등산 또는 낚시, 골프 등 취미 활동만 하고 생산성 없는 국민으로 살아가는 것은 개인에게도 불행한 일이요, 대한민국 국가 차원에서도 국력 낭비라고 생각한다.

그렇다면 5060 은퇴세대가 베트남을 비롯한 해외로 나가 투자해야 하는 진짜 이유는 무엇일까? 그 이유는 매우 명확하다. 베트남과 동남아, 한 발 더 나아가 아프리카, 남미 등 개발도상국에 가면 우리나라 5060 세대가 '인생 2막'을 시작할 수 있는 다양한 기회가 있다고 보기 때문이다.

일례로 부동산 투자 목적으로 하노이와 호찌민을 방문한 70세 중소기업 J대표의 경우를 잠깐 소개하면, 이분은 과거 한국과 중국의 경제 성장기에 구입했던 주택 가격이 최초 구입 가격 대비 수십 배 상승했던 생생한 경험을 가지고 있다. 이분은 베트남 주택 투자도 지금이 바로 최적기라고 본다. 한국의 아파트 한 가구를 10억 원에 매각하고 그 자금으로 베트남 호찌민이나 하노이 등에 2억 원짜리 아파트 다섯 가구를 구입해 그중 한 가구는 은퇴후 거주용으로 쓰고 나머지 네 가구는 임대한다는 것이다. 그는 한 가구당 약 1,000달러의 월세 수입, 즉 매월 약 4,000달러의 개인소득이 생길 것이라 기대하고 있으며, 이를 노후연금처럼 쓸 수 있을 것이라 분석한다.

그리고 이분은 베트남 부동산 및 주택 가격이 당분간은 완만한 상승세를 이어가겠지만 5년~10년 이내 한국과 중국처럼 수직 상승기가 올 것으로 예측한다. 그때 가서 베트남 동화(VND) 대 미국 달러 환율이 강세로 전환되는 시점을 최적의 매도 타이밍으로 잡아 베트남 주택을 매각할 예정이라고 말했다. 현지 시장 분위기와 투자자들의 심리를 잘 파악해볼 수 있는 좋은 사례다.

베트남 등 동남아는 지금까지의 인생과는 다른 새로운 인생을 설계할 수 있다는 점에서 매력적인 은퇴 투자처. 적은 자금으로 새로운 사업을 시작할 수도 있고, 한국에서 생활하기 빠듯한 연금에 의존하기보다는 생각을 조금 바꿔 이에 투자한다면 비교적 여유롭고 행복한 노후 생활을 누릴 수도 있다. 독신자의 경우 현지에서 새로운 배우자를 만나 행복한 재혼에 성공한 사례도 많다.

더욱이 한국에서는 유효 기간이 끝난 기술이나 경험도 베트남 등 개발도상국에서는 재활용할 수 있는 기회가 많다. 국내에서 사용하던 기술과 경험을 우리보다 경제 발전이 뒤처진 나라에서 인생 2모작으로 활용할 수 있다. 특히 한국에서 사용하던 기술과 경험을 토대로 외국에서 자신의 사업을 확장하고 대한민국의 위상을 높인다면 대한민국의 영토를 확장하는 효과 이상의 큰 의미가 있다고 여겨진다. 일일이 다 열거할 수 없을 정도로 많은 해외 은퇴 투자 성공 사례들이 있다. 그중 몇 가지만 소개하려 한다.

- **L회장(60대)**은 한국에서 하던 사업이 잘되지 않아 벼랑 끝에 몰리자 베트남 빈푹성에서 돼지를 키우기 위해 해외 귀농을 했다. 각고의 노력 끝에 약 60만 평의 산업공단을 개발해 완판하는 대성공을 거뒀다. 현재 산업공단 3곳을 추가로 추진하고 있으며 사업이 점점 더 번창하고 있다.

- **K사장(50대)**은 10년 전 귀농을 위해 베트남 달랏으로 갔다. 그곳에서 현지 여성과 결혼해 주택 리모델링 사업을 시작했고, 현재는 자가 소유 건물에 카페도 운영하고 있다. 한국에서 곧잘 치던 골프 실력을 다듬어 골프연습장도 하고 있는데, 골프를 배우려는 달랏 현지 고위공무원 등 VIP들을 대상으로 레슨까지 하면서 지역 유명인사로 부상하고 있다.

- **S사장(60대)**은 호찌민에 독신으로 진출해 전기·전력 관련 기자재를 정부에 납품하는 사업을 시작했다. 지금은 사업이 번창해 자가 건물을 건축하는 등 성공을 일궈냈고 현지 여성과 재혼해 행복한 삶을 살고 있다.

- **C사장(60대)**은 한국에서의 피자 요리 경험을 되살려 국제적인 브랜드 피자 전문점을 호찌민에 열었다. 현재 직영점 5곳과 프랜차

이즈 점포 3곳을 운영하고 있다.

- **G씨(50대)**는 몇 년 전 한국에서 평생 다니던 은행을 퇴직하고, 베트남에서 인생 2막으로 부동산중개업을 하고 있다. 최근 베트남 부동산 경기 호황을 맞아 사업이 성장하면서 안정된 삶을 살고 있고 더 큰 꿈을 꾸고 있다.
- **A씨(50대)**는 투자자로 한국의 비닐하우스와 경작 시스템을 베트남에 들여와 한국 딸기 농장을 운영하고 있다. 온도, 습도 조절 장치, 자동 환기 시스템, 경작지 녹화 센서 등 스마트 전문 시스템을 도입했다. 그 결과 매일 300~400킬로그램의 딸기를 성공적으로 수확하고 있다.

그 밖에도 아이스크림 사업, 수제버거, 애견샵, 한류 문화 관련 사업, 물류 통관 사업 등 성공 사례는 셀 수 없이 많다. 그리고 이런 성공 사례는 베트남에만 있는 것은 아니고 경험과 아이디어만 있다면 어느 나라에서든 가능하다.

"그런데 나도 할 수 있을까요? 베트남에 가서 무슨 사업을 하면 좋을까요?"

최근 베트남 투자에 관심을 가진 잠재 투자자들이 자주 던지는 질문이다. 이에 대한 대답은 항상 이렇다.

"답은 현장에 있습니다. 현장에 직접 가서 답을 찾으시고, 공신력 있는 전문가의 조언을 들으십시오."

익숙한 한국을 떠나 낯선 곳에 가야 블루오션을 발견할 수 있다. 현장에 답이 있는 것이다. 대한민국 베이비붐 세대여, 다시 일어나 지도 밖으로 행군하라.

04

돈이 해외로 나가 돈을 벌어오게 하자

"당신네 나라 사람들은 도대체 어떤 민족이길래 시베리아 추운 동토에도 있고, 뜨거운 열사의 사막 중동에도 있고, 여기 아프리카에까지 와 있소? 참 대단한 민족이오!"

이 말은 상사 주재원으로 근무하던 카메룬 두알라에서 마주친 독일 지멘스 본사 간부가 필자에게 한 말이다. 그렇다. 우리는 그동안 선진국이든 오지든 세계 구석구석을 누비며 수출과 해외 건설, 한류 등 해외 진출을 통해 돈을 벌어들여 대한민국을 지금의 세계 10대 경제강국으로 만들었다. 그리고 이제는 '돈이 해외로 나가 돈을 벌어오게 하는' 새로운 시대로 접어들었다고 생각한다.

가령 우리나라 국민 100만 명이 각자 약 2억 원을 베트남이나 캄보디아, 미얀마 등 고도 경제 성장 국가의 부동산 등 좋은 투자 물건에 안전하게 투자를 한다고 가정하면(최근 몇 년간 중국에서 부동산 투자로 약 10배의 시세 차익을 본 정도는 고사하고 그저 1배의 차익만 실현

될 것이라고 가정해본다면) 1인당 2억 원, 총 200조 원을 해외에서 벌어들이게 되는 것이다. 이 금액은 60만 대한민국 국군을 먹이고, 입히고, 신무기를 개발하고 첨단 무기를 사 오는 데 드는 국방비를 약 5년간 쓸 수 있는 돈이다(2018년 국방 예산 약 43조 1,600억 원).

그러니 말 그대로 '돈이 해외로 나가 돈을 벌어오게 하자!' 이렇게 강조할 수 있는 것이다.

05

베트남, 절대 얕잡아보지 마라

베트남이 기회의 땅인 것은 분명해 보인다. 또한 지금이 한국과 베트남 정부는 물론 민간이 어느 때보다 서로 협력하고 성과를 내기에도 좋은 시기라고 분석된다. 하지만 그렇다고 베트남이 우리가 투자만 하면 다 성공하는, 그런 파라다이스는 아니다. 비즈니스 세계에서의 2080이라는 말이 베트남 현지 교민 사회에 회자되고 있다. 이 숫자는 베트남에 진출한 소상공인이나 자영업자들 중에서 성공하는 비율이 약 20%이고, 실패했거나 고전하고 있는 비율이 약 80%라는 걸 의미한다. 단, 제조업종 진출 성공 비율은 약 60%~70% 정도인 것으로 알려져 있다.

실패 원인으로는 "베트남을 처음에 너무 쉽게 봤거나 얕잡아봤다"거나 "베트남에 먼저 진출해 있는 친구나 지인의 말을 너무 믿었다"는 식의 말이 들려온다. 베트남은 결코 만만한 나라가 아니다. 미국과 프랑스, 중국과 싸워서 이긴 나라다. 강한 민족성과 국민 결속력이 매우 높은 나라다. 베트남 여성은 겉보기에는 여리고 약해 보이지만, 역사를 보면 많은 여전사들이 있었고 또 여성 지도자를 많이 배출해왔음을 알 수 있다.

"한국은 베트남보다 경제적으로 조금 더 잘산다는 것 외에 별로 드러낼 것도 없다. 그런데 사업하면서 너무 베트남 사람들을 무시하는 경향이 있고 바로 그런 점이 사업 실패의 원인이 되고 있다."

전혜경 한국외대 베트남어과 교수의 이 말은 새겨들을 만하다. 최근 한국에 많은 베트남 유학생이 와서 공부하고 있다. 그들은 이렇게 말한다.

"지금은 베트남이 한국보다 가난하지만 10~20년 내에 베트남이 한국보다 더 잘살게 될 것이다."

베트남은 거의 1억에 가까운 인구에 높은 교육열, 석유를 포함한 수많은 자원 보유 그리고 정치 체제 안정에 유연한 경제 정책 적용 등으로 많은 성장 잠재력을 갖고 있다. 근대사에 잦은 전쟁만 치르지 않았다면 어쩌면 우리나라보다 더 경제 성장을 이뤘을지 모른다. 지금 우리가 조금 더 경제력이 좋다고 무시할 나라는 결코 아닌 것이다. 우리가 베트남에서 조금만 더 겸손하게 사업을 이끈다면 그만큼 성공 확률을 높일 수 있을 것이다.

그리고 사업 진출이나 투자에서 실패하는 경우를 들여다보면 대부분 지나치게 협소한 내용을 모든 베트남 사회에 적용하는, 이른바 일반화의 오류를 범할 때다. 친구나 지인이 알고 있는 베트남에 대한 지식과 경험은 매우 제한적이고 부분적일 수 있다. 그런데 많은 사람들이 주위 사람들의 말만 믿고 투자하다가 사기를 경험한다. 또한 10년 전인 2008년 글로벌 금융 위기 당시 어려움을 겪은 과거의 경험담을 10년이 지난 지금까지도 같은 내용으로 전하는 경우가 많다. 사람들은 이를 그대로 믿고 베트남 사회를 잘못 판단하는 것이다. 10년이면 강산도 변한다고 한다. 베트남의 10년 전은 거의 다른 나라라고 보는 것이 맞을 것이다. 1년이 다르게 베트남 사회와 도심이 변하고 있다. 투자 제도 역시 빠르게 변하고 있다. 한국 입장에서 보면 베트남은 삼성 및 LG 진출 이후 더 우호적으로 많이 변하고 있다. 글로벌 대기업들이 많이 진출하면서 베트남 정부에 제도 개선을 강하게 요구하고 있고, 이것이 받아들여지고 있는 것이다. 따라서 베트남 역사·문화·민족에 대한 바른 이해와 함께 경제 현황과 투자 제도에 대한 바른 인식과 공부가 필요하다.

K-VINA비즈센터 일을 하면서 가장 황당한 경우는 베트남은 공산당 일당 독재 체제여서 사업 및 투자 차원에서는 아무것도 할 수 없다고 얘기하는 경우다. 또한 투자한다 해도 한순간 공산당이 다 몰수할 수 있어 상당히 위험하다고도 말한다. 투자 제도가 바

꾸었고 베트남 정부가 그렇게 하지 않는다고 설명해도 믿지 않는다. 삼성은 그럼 왜 베트남에 진출했겠는가라고 다시 물으면 별다른 대답을 하지 않는다.

베트남은 우리가 놓쳐서는 안 되는 그리고 다시 찾기도 힘든 분명 '기회의 땅'이다. 하지만 젖과 꿀이 보장된 약속의 땅은 아니다. 특히 베트남을 너무 쉽게 보고 투자하는 경우에는 실패하기 쉽다. 즉 예비 사업 타당성 검토나 현지 시장 조사를 충분히 하지 않고 성급하게 진출하거나 친구나 지인의 말만 믿고 의사결정을 잘못하는 경우에 그렇다는 것이다. 베트남 진출 전에 철저한 준비가 필요하고 그만큼 공부도 많이 해야 한다. 그래야 이후의 여러 가지 문제 발생 가능성을 줄이고 사업 실패 위험도 감소시킬 수 있다.

TIPS 여기서 잠깐!

한국인의 베트남 국적 취득이 가능한가요?

실질적으로 외국인의 베트남 국적 취득은 사실상 불가능하다. 하지만 다음과 같은 경우 영주권을 취득할 수 있다.

베트남 영주권 신청 자격

1. 베트남 정부로부터 베트남 개발 및 수호에 기여한 자로 관련 훈장 및 표창을 받은 자
2. 베트남에 임시 체류 중인 외국인 과학자 또는 전문가로서 베트남 중앙 부처 장관 또는 장관급 부처장의 추천을 받은 자
3. 베트남 내 만 3년 이상 임시 거주한 외국인으로서 해당 외국인의 부모, 배우자 또는 자녀가 베트남 국적을 보유하고 영구 거주 중인 자
4. 무국적자로서 2000년도 또는 이전부터 베트남 내 임시 체류한 자
5. 위에 해당 사항이 없는 경우 주기적으로 사증을 갱신해야 장기간 체류 가능함

CHAPTER

2

—

베트남 진출,
이것만은 알고 하자

대한민국에 베트남 열풍이 불고 있다. 이 베트남 투자 열풍은 일반인들만의 이야기는 아니다. 유명 방송인이 출연하는 모 예능 프로그램에서도 베트남 투자를 다루고 있을 정도로 베트남을 향한 우리나라 사람들의 관심과 투자 열정은 더욱 높아지고 있다. 이 유명 연예인은 베트남 투자를 위해 온 가족이 함께 베트남에 거주하고 있다. 국내 베트남 열풍은 2019년을 넘어 상당 기간 강하게 몰아칠 전망이다. 사실 이런 투자 열풍은 이미 국내 많은 유명 기업이 선두에서 이끌었고 지금은 개인 투자자들에게까지 확산된 것이다. 이는 여러 가지 공식적인 통계 지표를 통해 확인할 수 있다. 여기서는 각종 공식 자료들을 통해 베트남 경제 현황과 성장 추세, 투자 열기를 확인하고 그 이유를 분석한 뒤 향후 어떤 업종과 투자 상품이 유망한지 살펴보고자 한다.

01

한눈에 보는 베트남 투자 개요

한국은 지난 1988년부터 2019년 4월 20일까지 누계 기준(베트남 MPI)으로 베트남에 투자한 외국 국가 중 투자액 부문에서 전 세계 1위를 달리고 있다. 한국은 지금까지 총 643억 달러를 베트남에 투자한 것으로 집계되고 있다. 일본이 573억 달러를 투자해 2위 국가로 집계되었고, 3위는 싱가포르(490억 달러), 4위는 대만(318억 달러)이다. 그 외 주요 투자국으로는 중국(149억 달러), 홍콩(207억 달러), 미국(92억 달러), 말레이시아(125억 달러), 태국(107억 달러) 등이 있다. 전체 누계 기준으로 각국의 투자 비중을 보면 한국이 18.4%로 1위, 이어 일본 16.4%, 싱가포르 14.1%, 대만 9.1% 등의 순이다.

베트남에 대한 한국의 투자를 보면 매년 증가하고 있음을 확인할 수 있다. 특히 베트남이 외국인에게 부동산 투자를 공식 개방한 2015년 이후부터 투자 규모가 커지고 있고 중국에 대한 투자가 감소하는 반면 베트남에 대한 투자는 상대적으로 늘고 있는 점

<도표 2-1> 대베트남 투자 누적액 상위 8개국의 최근 5년 투자 동향

(단위: 백만 달러, 건)

순위	국가명	2015년	2016년	2017년	2018년	1988~2018년 누적
1	한국	6,983.2 (1,029건)	6,895.8 (1,263건)	7,801.8 (1,339건)	5,928.5 (1,446건)	62,566.9 (7,459건)
2	일본	1,803.4 (475건)	2,509.8 (574건)	8,718.6 (601건)	7,989.3 (630건)	57,018.3 (3,996건)
3	싱가포르	2,082.5 (204건)	2,123.3 (309건)	4,939.0 (271건)	3,269.8 (295건)	46,623.0 (2,159건)
4	대만	1,468.2 (187건)	1,351.6 (222건)	1,162.6 (206건)	679.5 (204건)	31,444 (2,589건)
5	버진 아일랜드	1,217.3 (89건)	826.3 (88건)	487.3 (65건)	534.6 (70건)	20,790.7 (793건)
6	홍콩	1,148.1 (150건)	1,626.1 (228건)	1,412.9 (232건)	1,936.9 (242건)	19,829.1 (1,422건)
7	중국	744.1 (210건)	1,705.9 (358건)	1,645.8 (380건)	1,662.5 (479건)	13,348.7 (2,149건)
8	말레이시아	2,478.8 (49건)	688.3 (68건)	161.2 (47건)	282.2 (54건)	12,478.2 (586건)
FDI 투자 총계		24,115 (3,038건)	22,379.7 (3,862건)	30,783.1 (3,975건)	25,572.8 (4,215건)	340,159.4 (27,353건)

순서는 1988년~2018년 12월 누적 투자액순(2018년 12월 20일 기준)
출처: 베트남 투자청

은 주목할 점이다. 베트남은 중국에 대한 대체 투자처이자 차세대 투자처, 즉 '포스트 차이나'라는 점을 확인시켜주고 있다. 최근 중국에 공장을 둔 많은 국내 기업들이 베트남으로 공장을 이전하고 있는 추세를 볼 때, 이런 현상은 더욱 두드러질 것으로 보인다.

한국의 베트남에 대한 업종별 투자 내용을 구체적으로 보면(1988년 1월~2019년 4월 누계 기준) 지금까지 최대 투자 진출 업종은 제조 및 관련 산업으로 473억 달러를 투자해 가장 많았고, 이어 부동산 산

〈도표 2-2〉 한국의 대베트남 및 대중국 상반기 해외직접투자액 추이

(단위: 달러)

중국

24억
8,000만

20억

17억
7,000만

16억
3,000만

15억
7,000만

11억
9,000만

15억
5,000만

19억
7,000만

10억
9,000만

16억

베트남

3억
4,000만

4억
5,000만

4억
2,000만

4억
7,000만

8억
7,000만

7억
7,000만

10억
6,000만

9억
4,000만

2010 2011 2012 2013 2014 2015 2016 2017 2018 (년)

출처: 한국수출입은행

업(86억 달러), 건설업(28억 달러), 교통·물류, 숙박·식당, 도소매, 자동차·오토바이 수리 서비스, 과학기술 분야 등의 순이었다. 과거 우리나라의 베트남에 대한 투자는 주로 호찌민을 중심으로 한 남부 지역 투자가 주를 이뤘다. 하지만 최근 들어 베트남 정부의 하노이를 중심으로 한 수도권 개발 정책과 삼성전자 및 협력사의 동반 진출로 인해 북부 지역 투자가 증가하는 추세다. 2018년 12월 20일 누계 기준으로 지역별 투자 비중은 북부 56.7%, 남부 36.7%다.

베트남 경제는 최근 거시적으로 안정적 성장세를 유지하고 있다. 특히 최근 들어 경제 성장세가 더욱 커지고 있다. 2018년에는 당초 예상치를 뛰어넘는 7.08%의 경제 성장률을 기록했다. 2019년에도 6.5~7%대의 경제 성장이 예상되고 있다. 개인소득도 계속 증가하고 있고 실업률은 낮아지고 있다. 물가 상승률도 안정적으로 관리되고 있고 환율 역시 불안한 국제 경제 상황에서도 안정적

〈도표 2-3〉 베트남의 주요 경제 지표

외국인직접투자와 대외 무역 중심의 성장세 지속	• 외투 기업이 수출의 72% 점유(2018년), 대외 무역 의존도 185% • 2017년 FDI 유입액 297억 달러로 전년 대비 44.1% 증가
거시 경제 안정 및 7%대 성장률 기록	• 2018년 GDP, 전년 대비 7.08% 증가, 2011년 이래 가장 높은 성장률 기록 • 소비자 물가 상승률은 3.54%로 안정세 유지 • 전반적인 거시 경제 지표는 안정적

베트남의 주요 경제 지표 (단위: 억 달러)

주요 지표	2012년	2013년	2014년	2015년	2016년	2017년	2018년
GDP(억 달러)	1,556	1,706	1,859	1,915	2,013	2,232	2,448
GDP 성장률(%)	5.2	5.4	6.0	6.7	6.2	6.81	7.08
1인당 GDP(달러)	1,752	1,900	2,049	2,088	2,172	2,385	2,587
도심 실업률(%)	3.21	3.59	3.40	3.37	3.23	3.18	2.2
연평균 물가 상승률(%)	9.10	6.60	4.09	0.63	2.67	3.53	3.54
환율(VND/달러)	20,828	20,933	21,148	21,698	21,935	22,765	22,825

출처: 국제금융기구, 아시아개발은행, 베트남 통계총국

으로 유지되고 있다. 이런 기조로 인해 베트남 경제는 안정적으로 지속 성장세를 유지할 것이라는 전망이다. 다만 베트남 경제 성장에서 외국인 투자가 차지하는 비중이 높고 수출 역시 외국 기업에 의존하는 것이 커서 내부 산업 육성과 부품 소재 산업 육성이 필요하다는 베트남 정부의 내부 문제 인식이 있는 것은 사실이다. 따라서 베트남 정부는 기술력 있는 외국 기업의 국내 유치에 노력하고 있고 부품 소재 산업 경쟁력이 있는 기업이 베트남에 진출할 경우는 더 많은 세제 혜택 등을 부여해서 양질의 기업 유치에 적극 노력하고 있다. 이런 노력들이 결실을 맺는다면 더 높은 경제 성장을 견인할 수도 있다.

우리 정부는 최근 신남방 정책을 표방하고 있다. 신남방 정책의 핵심은 기존 미·중·일·러 4강 외교 관계 수준으로 동남아 아세안 국가들과의 관계를 격상시키자는 게 골자다. 즉 지금까지의 4강 외교 중심에서 탈피해 외교 관계를 다변화하고 신시장을 개척해보자는 취지가 강하다. 물론 여기에는 남북 관계 증진과 관련해 동남아 아세안 국가들로부터의 지지를 이끌어내어, 보다 유리한 남북 관계 개선 상황을 만들어보고자 하는 정치적 이해관계가 깔려 있다. 하지만 대외 경제 협력을 미국, 중국 중심에서 동남아 시장으로 확대 및 다변화해야 한다는 실리적 목적도 실려 있다.

그런데 여기서 주목할 내용은 동남아 아세안 국가 모두와 협력을 증대시키는 것도 중요하지만, 이 중 핵심 협력 국가가 있는데 이 나라가 바로 베트남이라는 것이다. 베트남은 공산국가로 통일되었지만 이후 개혁 및 개방 정책으로 시장 경제 제도를 도입해 발전의 동력으로 삼았다는 점에서 북한에 시사하는 바가 크다. 또한 아세안 10개국의 맹주를 자처하며 지리적으로도 매우 중요한 곳에 위치하고 있다. 경제 규모도 아세안 국가 중 가장 큰 편에 속해 우리가 경제적 실리를 위해서도 가장 협력을 강화해야 하는 나라임에 틀림없다. 〈도표 2-4〉를 통해 자세히 볼 수 있듯 아세안 국가 중 우리가 경제 협력을 위해 주목할 국가는 규모 기준으로 볼 때 베트남, 미얀마, 인도네시아 3개국으로 요약된다. 하지만 사업 환경과 문화, 지리적 요소 등을 종합적으로 고려하면 단연 베트남이 우리나라 입장에서는 가장 중요한 나라라는 점을 확인할 수 있다.

베트남 역시 이런 점들을 잘 알고 있기 때문에 FTA를 주요 국가들과 체결하고 각종 무역 기구 등에 가입해 경제를 더욱 개방하며 무역량을 확대하고 있다. 때문에 글로벌 주요 기업들이 앞다퉈 베트남에 진출하면서 베트남의 경제 성장을 이끌고 있다. 우리나라 삼성과 LG 등 주요 기업들의 대규모 베트남 진출은 이런 환경에 기인한 것이다. 따라서 베트남의 대외 무역 확대 정책이 성과를 내면 낼수록 자국 내에 경제 성장의 선순환 구조가 구축되어 베트남이 아세안 시장의 핵심 지역으로 더욱 부각될 것이 틀림없다.

〈도표 2-4〉 아세안 국가 중 베트남의 투자 환경

투자 환경	• 아세안 국가 중 면적이나 인구 규모 등을 볼 때 어느 정도 덩치가 되는 지역은 베트남, 미얀마, 인도네시아 3국 정도 • 비즈니스 환경은 베트남이 단연 압도적으로 우수

미얀마

인구수 전체(양곤)	6,000만(736만)
GDP/1인(달러)	1,297.679(2018년)
생산직 초임(달러)	100~150
공단 임차료(달러/㎡)	4~6월/(정부 임차)
산업용 전기 요금(달러)	0.075~0.125/kWh
법인/개인소득세(%)	25/10
비즈니스 환경(순위)	171위

베트남

인구수 전체(하노이)	9,200만(760만)
GDP/1인(달러)	2,551.123(2018년)
생산직 초임(달러)	200~250
공단 임차료(달러/㎡)	60~100/50년
산업용 전기 요금(달러)	0.037~0.11/kWh
법인/개인소득세(%)	20/5~35
비즈니스 환경(순위)	68위

캄보디아

인구수 전체(프놈펜)	1,500만(180만)
GDP/1인(달러)	1,508.817(2018년)
생산직 초임(달러)	100~120
공단 임차료(달러/㎡)	2~3/월
산업용 전기 요금(달러)	0.2/kWh
법인/개인소득세(%)	20~30
비즈니스 환경(순위)	135위

인도네시아

인구수 전체(자카르타)	2억 5,000만(180만)
GDP/1인(달러)	3,870.562(2018년)
생산직 초임(달러)	310
공단 임차료(달러/㎡)	4~5/월
산업용 전기 요금(달러)	0.1/kWh
법인/개인소득세(%)	25/5~30
비즈니스 환경(순위)	144위

출처: 코트라

〈도표 2-5〉 베트남의 무역 및 투자 동향

2017년 무역 규모 사상 최초 4천 억 달러 돌파. 원부자재 수입 의존도 높음
- 수출 대상국 1위 미국, 수입 대상국 1위 중국
  - 가공 및 조립 산업에 집중, 자국 내 부품 소재 산업 취약에 따른 결과
- 2018년 베트남 사상 최대치인 약 68억 달러의 무역 흑자 달성(역대 최대 외환 보유고 기록 견인)
  - 삼성전자 휴대폰 신제품 출시가 베트남 대외 교역의 호실적 견인

(단위: 억 달러)

구분	2012년	2013년	2014년	2015년	2016년	2017년	2018년
수출	1,145	1,320	1,502	1,620	1,766	2,140	2,435
수입	1,138	1,320	1,478	1,656	1,748	2,111	2,367
무역수지	7	0	24	−36	18	29	68

출처: 베트남 세관총국

TPP, AEC 등 FTA 확장을 통해 동남아 투자 유치 거점으로 부상
- 2015년 AEC 출범, TPP와 RECP, 베·EU FTA 체결, 한·베 FTA 발효
- 1988년 1월 1일~2019년 4월 20일 누계 기준 유치 FDI 프로젝트 2만 8,398건, 총 유치 투자액 3,490억 달러

구분	2012년	2013년	2014년	2015년	2016년	2017년	2018년	누계
투자 건수	1,287건	1,530건	2,182건	3,038건	3,862건	3,779건	3,046건	27,794건
등록 금액(달러)	163억	224억	202억	241억	224억	297억	255억	3,442억

베트남의 신규 및 증액 FDI 유치 기준
출처: 베트남 외국인투자청

베트남은 천혜의 자연환경을 갖고 있다. 또한 지리적으로 국토가 긴 나라인데다 해안선도 넓게 펼쳐져 있어 많은 관광자원을 보유하고 있다. 여기에 적극적인 대외 개방 정책과 외국인 투자 유치 정책으로 고급 리조트 관광단지들이 주요 관광 지역에 빠르게 조성되고 있으며 항공노선들 또한 새롭게 다수 개설되고 있다. 이러다 보니 국내외 관광객 수가 급증하고 있다. 〈도표 2-6〉의 외국인 관광객 수 추이를 보면 외국인에 부동산 시장 투자 개방을 적극적으로 실시한 2015년 이후 급격히 증가하고 있음을 확인할 수 있다. 특히 베트남 정부는 외국인 관광객 유치 정책뿐만 아니라 최근 APEC 정상회담 등 대형 국제 행사 개최를 통한 도시 홍보에도 관심을 기울이고 있어 향후 외국인 관광객은 지속적으로 증가할 전망이다.

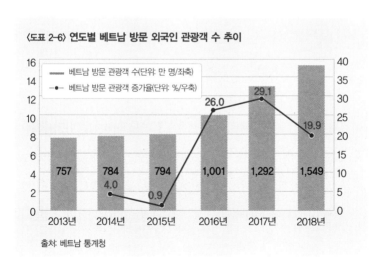

〈도표 2-6〉 연도별 베트남 방문 외국인 관광객 수 추이

출처: 베트남 통계청

02

이유 있는 베트남 투자 열풍

우리나라를 포함해 전 세계 국가와 투자자들이 베트남 투자에 열을 올리는 데는 다 그만한 이유가 있다. 먼저 정치·경제·사회·문화·인구·자원·지리에 대한 분야별 이유를 간략히 살펴보고자한다.

● **정치_**어느 나라든 정치가 안정되어 있지 않은 나라에는 투자를할 수가 없다. 베트남은 공산당 1당 지배 사회주의 국가로 상당히 안정된 정치 체제를 유지하고 있다. 공산당 서기장과 주석, 총리, 국회의장이라는 4인 지배 체제를 이루고 적절한 견제와 균형속에 안정된 당 권력 승계가 이뤄지고 있다. 특히 베트남 통일의정신적 지주인 호찌민을 국민 영웅으로 인식하고 있으며 호찌민정신으로 통합되어 있어 국민 단합도 잘 이뤄지고 있다. 공권력도 강해 치안 상태가 좋고 사회 질서가 잘 유지되고 있다. 특히

총기 소유 등이 전혀 없어 도심 밤거리를 안전하게 다닐 수 있다는 점도 투자의 큰 장점이다.

- **경제**_연 6~7%대의 안정된 고도 성장은 투자 유치의 가장 큰 유인이 되고 있다. 또한 FTA 협정 확대 등 자유무역과 개방 정책 확대는 외국인 투자자들에게 안정감을 주기에 충분하다. 특히 우리나라와는 지난 2015년부터 FTA를 체결해 활발한 무역 및 투자가 이뤄지고 있다(FTA 2015년 5월 서명, 11월 30일 국회 비준, 12월 20일 발효). 또한 각종 투자 인센티브 제도도 지속적으로 확대 도입해 좋은 반응을 얻고 있다. 이러다 보니 내수 소비 시장도 확대해 투자의 선순환 구조가 형성되고 있다.

- **사회**_동남아 국가 중 가장 낮은 문맹률과 높은 교육열은 투자의 장점이다. 교육은 미래 성장의 중요한 요소이기 때문이다. 베트남 부모들은 자식 교육에 아낌없는 지출을 하는데, 이런 점은 한국과 비슷하다. 최근에는 한국어 열풍이 불어 많은 젊은 학생들이 베트남 내 대학 한국어학과에 지원하고 있으며 한국 유학도 상당히 선호하고 있다. 이러한 것이 한국인 투자자 입장에서는 상당히 좋은 장점이 되고 있다.

- **문화**_중국 영향을 많이 받아 유교 문화의 전통을 갖고 있다. 따라서 효와 장유유서 정신이 강하다. 호칭에서도 연장자에 대한 용어가 달라 나이를 따지는 경향이 강하다. 이런 문화 역시 우리나라와

비슷해 한국인 투자자에게는 좋은 점으로 작용하고 있다. 또한 베트남 사람들은 상당히 부지런하다. 새벽부터 일어나 집 주변을 청소하고 운동하는 동남아 민족은 베트남이 유일하지 않을까 싶다. 쌀국수를 즐겨 먹어 젓가락을 사용하면서 뛰어난 손재주를 갖고 있다. 각종 제조 공장에서 일하는 베트남 노동자들의 높은 손기술 역시 이런 젓가락 문화가 기여했다고 본다. 베트남 음식의 경우 거의 한식과 맛이 비슷해 부담 없이 즐길 수 있다는 점도 베트남 진출 투자 증대의 큰 원인이 되고 있다. 최근 한국의 국제결혼 비중에 있어 베트남 신부와의 결혼 비율이 중국을 제치고 1위를 차지한 것은 이런 문화적 동질성이 크게 작용한 것으로 보인다.

- **인구**_인구 9,700만 명으로 1억 명에 가까운 많은 인구는 큰 장점이다. 탄탄한 내수 시장이 있다는 뜻이다. 앞으로 경제 성장과 함께 개인소득이 늘어나면 엄청난 소비 시장으로 커질 큰 잠재력을 갖고 있다. 특히 인구 구성 내용에 있어서는 더욱 장점이 많다. 인건비는 상대적으로 낮은 반면 인구의 절반 이상이 30세 이하의 젊은이라는 점이다. 또한 생산성은 인접국보다 상당히 높다. 실제로 최근 현지에서 제조업을 하는 한 CEO의 경우 최근 베트남 노동자들의 생산 능력과 손재주는 사실상 한국 근로자와 별 차이가 없다고 말했다. 과거에는 우리의 절반이다 또는 80% 수준이다라고 말하기도 했는데, 이는 벌써 옛말이라고 했다. 봉제

기술 수준의 경우 거의 같다고 보는 게 맞다고 설명했다.

- **자원**_풍부한 천연자원을 보유한 자원 대국이다. 세계 2위의 쌀 및 커피 수출국이다. 베트남 커피는 전 세계로 수출되고 있으며 좋은 품질로 인정받고 있다. 석유, 석탄 등 양질의 많은 천연자원을 갖고 있다. 또한 우리나라에서 요즘 웬만한 수산물들은 베트남에서 수입했다고 말할 정도로 수산물 대국이기도 하다.
- **지리**_한반도의 1.5배 되는 국토 면적을 갖고 있다. 인도차이나 반도의 중심국이다. 동남아 아세안 10개국의 중심 위치이기도 하다. 따라서 주변 시장에 접근이 용이한 전략적 위치에 있다. 싱가포르와 홍콩 간 해상운송선의 중심지다. 3,500km 반경 내 31억 인구 시장이 존재하고 있고 모두 4시간 내 접근이 가능한 위치에 있다.

위 언급한 내용들은 투자 시장으로서 베트남에 대한 매력 요소들을 일반론으로 정리한 것이다. 다음 내용들은 이 중 특히 필자가 주목하는 매력 요소를 강조해 부연 설명한 것이다.

젊고, 저렴하고, 질 좋은 노동력

노동력을 판단함에 있어 무엇보다 중요한 것은 국가의 평균 연령

<도표 2-7> 베트남의 성별 연령 분포와 노동생산성(2014)   (단위: 백만 명)

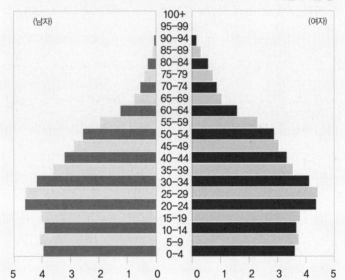

(단위: 100만 동/명)

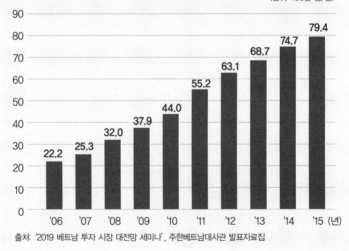

출처: '2019 베트남 투자 시장 대전망 세미나', 주한베트남대사관 발표자료집

이다. 행정자치부에 따르면 한국의 평균 연령은 2017년 기준 41.2세다. 반면 베트남의 평균 연령은 30세다. 베트남의 9,700만 인구 중 35세 미만이 무려 5,400만 명이다. 젊고, 저렴하고, 질 높은 풍부한 노동력이 바탕이 되는 베트남 시장. '포스트 차이나'라 불릴 만하다.

밀접한 관계의 한국과 베트남

한국은 베트남 외국인 투자 순위 1위 국가다. 삼성, LG 등 대한민국 대표 기업들은 물론 2차, 3차 협력사 동반 진출과 함께 많은 중소기업들이 베트남 진출의 봇물을 이루고 있다. 한국과 베트남은 경제 협력 외에 문화 관광 교류 활성화로 하루에 약 50여 편의 항공기가 운항되며 연 350만 명(2018년 기준)의 관광객이 방문하고 있다. 우리와는 이제 아주 밀접한 국가가 베트남이다.

아세안경제공동체 출범

2015년 12월 31일 싱가포르, 필리핀, 태국, 말레이시아, 미얀마, 인도네시아, 베트남, 캄보디아, 라오스, 브루나이, 이렇게 동남아국가연합(아세안) 10개 회원국이 결성해 AEC를 출범시켰다. AEC

의 출범으로 2015년 기준 GDP 2조 5천 억 달러, 인구 6억 명 규모의 거대 경제권이 출현했다. 인구수는 중국과 인도 다음으로 세계 3위에 해당하는 놀라운 시장 규모다. 우리나라와 AEC의 교역 추이를 보면 2007년 한·아세안 FTA를 계기로 한국의 AEC에 대한 수출이 빠르게 증가하면서 10%대의 교역 비중을 유지하고 있다. 이후 10년간 무역은 연평균 약 9.9%의 속도로 빠르게 늘어갔으며, 이 기간 무역 규모는 103억 달러에서 1,188억 달러로 약 12배나 늘었다. 이러한 전략적 경제 요충지에 자리한 베트남이 아주 적극적으로 해외 투자 유치를 하고 있다.

외국인 투자 유치를 통해 경제 발전을 꾀하는 베트남

베트남은 2016년부터 법인세를 20%로 인하했으며, 다시 법인세를 15~17%로 인하할 예정이다. 경제 특구와 같은 특수 지역에 법인세 감면·우대 제도를 적극 시행하고 있으며 최근에는 EU와도 FTA 및 투자 협정을 맺으며 외국인 투자를 적극적으로 유치하고 있다. 베트남은 아세안이라는 전략적 요충지에 위치해 있으며 해외 투자 유치를 경제 발전의 동력으로 꾀하고 있다.

〈도표 2-8〉은 베트남 정부가 외국 기업 진출 및 투자 유치를 위해 실시하고 있는 각종 인센티브 제도 내용이다. 베트남

〈도표 2-8〉 외국 기업 투자 유치를 위한 베트남 인센티브 제도

세율	조건	기간
20%	-일반 법인세율	
17%	-사회·경제적 낙후 지역 -가축 사료 생산 - 농업 기계, 에너지 절약 설비, 고급 강철 - 전통업	10년
	-기업 연 매출 200억 동(90만 달러) 미만 -소규모 금융 기관 및 기금	사업 기간과 동일
15%	-사회·경제적 낙후 지역이 아닌 곳에서 재배업, 목축업, 농수산 가공업	사업 기간과 동일
10%	-사회·경제적 특별히 낙후된 지역 -첨단 과학 기술 분야, R&D 분야, S/W 분야, SOC 분야, 환경보호 분야, 대규모 공장	15년
	-사회 영역(교육, 의료, 문화, 스포츠, 환경…) -농업, 사회 주택 개발…	사업 기간과 동일
***	-우대 투자 분야에 속한 사업일 경우, 과세 소득 발생 후 최대 4년간 면제, 면제 기간 종료 후 9년간 50% 감면	

출처: '2019 베트남 투자 시장 대전망 세미나', 주한베트남대사관 발표 자료집

낙후 지역 개발과 기술 이전 등에 기여할 수 있는 기업이 투자한다면 적극적으로 세제 혜택을 주겠다는 게 베트남 정부의 계획이다.

〈도표 2-9〉 토지세 면제

프로젝트 유형	면제 기간
특별 우대 업종 사업	
사회-경제적 낙후 지역	7년
사회-경제적으로 특별히 낙후된 지역 또는 낙후 지역에서 우대 업종 사업을 하는 경우	11년
사회-경제적으로 특별히 낙후된 지역에서 우대 업종 사업을 하는 경우	15년
BOT 사업, 하이테크, 교육, 병원 관련 프로젝트	전체 사업 기간

출처: '2019 베트남 투자 시장 대전망 세미나', 주한베트남대사관 발표 자료집

- **수입세 혜택(수입세 면제)**

  ① 회사 고정 자산을 구성하는 자재, 특수 운송 장비, 기계 장치

  ② 국내에서 생산이 불가능한 자재

  ③ 놀이공원, 휴양지, 골프장, 별장, 오피스, 호텔 개발을 위함

  ④ 정부가 규정한 리스트에 따라 처음으로 수입된 제품

  ⑤ 특별 투자 장려 분야 사업의 구성 요소 및 자재 또는 경제·사회적 여건, 특별 낙후 지역은 생산 가동일부터 5년간 면제

- **산업단지 및 경제 구역**

  ① 321개의 산업단지(그중 43개는 FDI 자본 투입)

② 16개의 연안 경제 구역

③ 3개의 첨단기술 공업단지: 하노이, 다낭, 호찌민(2030년까지 6개로 증가 예정)

베트남, 한국 2위 수출국 된다

베트남에 대한 많은 투자 장점과 함께 베트남 정부의 노력으로 인해 최근 베트남의 신용 평판 또한 빠르게 좋아지고 있다. 최근 미국 평판연구소(the Reputation Institute)가 세계에서 가장 평판이 좋은 나라 리스트를 공개했는데 그중 베트남은 37위를 기록했다. GDP 수준, 국가 인지도, 도덕성, 부정부패에 대한 인식, 시민의 행복 수준 등의 16개 항목을 측정했다. 베트남이 최초 진입했다는 점과 한국과 6단계밖에 차이가 나지 않는다는 점에서 놀라운 조사 결과다. 베트남은 국제적인 평판이 계속해서 좋아지고 있으며, 그에 따라 신용도도 지속적으로 올라가고 있다. 이 조사는 세계에서 가장 산업화된 여덟 개의 국가를 나타내는 G8 국가에 살고 있는 58,000여 명 이상의 주민들에게 2018년 3월~4월 인터넷을 통해 진행됐다. 사람들이 해외여행을 가거나 그 지역에 거주하거나 또는 투자를 결정할 때 영향을 주는 것이 신용이라는 점에서 베트남의 신용 평판 상승은 주목할 부분이다.

여기에 더해 우리나라의 2대 수출국이 곧 미국에서 베트남으로 바뀔 것이라는 전망까지 나왔다. 한국무역협회 국제무역연구원은 2020년 우리나라와 베트남의 교역액이 1천 억 달러를 넘기면서 베트남이 중국에 이어 2대 수출 시장으로 떠오를 것이라고 내다봤다. 2014년 우리나라의 수출 대상국에서 6위를 차지한 베트남은 이후 싱가포르와 일본, 홍콩을 차례로 제치고 2017년 3위까지 올라섰다. 우리의 수출이 늘면서 베트남 수입 시장에서 우리나라가 차지하는 비중 역시 2017년 기준 22.1%로 10년 전보다 2.6배가량 늘었다. 이 같은 교역 급증의 원인으로 연구원은 "한·베트남 FTA가 발효되고 2년 동안 수출입 모두 60% 이상 증가했다"고 설명했다. 또 우리 수출이 등락을 반복했던 동안에도 베트남 수출은 223억 5천만 달러에서 477억 5천만 달러로 2배 이상 늘었다. 물론 가만히 있으면 되는 것은 아니고 중간재와 자본재 중심인 지금의 대베트남 수출 구조를 소비재까지 넓혀야 가능해진다. 또한 발전과 신재생 에너지, 스마트시티, 신산업 기술 인력 양성 등의 분야에서 한국과 베트남 두 나라가 힘을 합쳐야 양국 간 교역량은 계속 늘어날 수가 있다. 앞으로 양국이 무엇을 어떻게 협력할 것인지 고민이 필요한 시점이다.

베트남 SWOT 분석

베트남은 투자하기에 많은 장점을 갖고 있다. 하지만 장점만 있는 것은 아니다. 문제점도 있고 리스크 요인들도 있다. 〈도표 2-10〉에 베트남 시장의 강점과 약점, 기회, 위협 요인을 정리했다.

약점을 보면 베트남은 아직 행정의 투명성이 낮다. 그리고 각종 행정 절차도 오래 걸린다. 한국에서와 같은 빠른 행정 처리와 투명성을 기대하다가는 낭패를 겪게 된다. 현지에서는 늘 느긋한 마음으로 긴 호흡으로 일을 처리해야 한다. 그리고 빠른 도시화와 개발이 이뤄지고 있지만 아직 사회 교통 인프라가 많이 부족한 것이 현실이다. 여기에 높은 대외 의존도는 투자 리스크 요인으로 작용한다. 토지에 대해 외국인은 영구 소유권이 아니라 대부분의 경우 50년 사용권을 가진다는 점은 꼭 잊지 말아야 할 체크 요소다. 많은 이들이 투자 러시를 이루고 있다는 것은 경쟁이 치열해지고 비용이 올라간다는 의미여서 이런 점들도 유념해야 한다.

〈도표 2-10〉 베트남 시장 SWOT 분석

강점

- 젊은층이 두터운 인구 구조
- 정치적 안정성
- 외국인 투자에 우호적 환경
- TPP, AEC, EU FTA 체결 등 FTA 허브화

약점

- 베트남 내 부품 소재 산업 기반 취약
- 행정 및 통관의 투명성 결여
- 물류 유통 등의 제반 인프라 열악
- 대외 변수에 취약한 경제 구조

기회

- 9,700만 명의 인구와 소득 증가로 소비 시장 확대
- 소재 부품 산업 육성 정책
- 적극적인 양자 · 다자 협정 체결
- 중국 접경, AEC 출범에 따른 시장 진출 기회

위협

- 해외 기업들의 베트남 진출 확대로 경쟁 심화
- 지속적 재정 적자로 인프라 개발 여건 약화
- 최저임금의 지속적인 인상
- 가격 변화에 민감한 소비자

03

신이 주신 투자 기회를 잡아라

대한민국의 성장 잠재력이 급격히 하락하고 있다. 전쟁의 폐허 속에서 경제 기적을 일으킨 나라, 민주화와 산업화를 동시에 성공시킨 나라, 많은 세계 가난한 나라들의 롤모델 국가인 대한민국. 그런데 갑자기 최근 앞길이 불투명해졌다. 출생률은 급감하고 고령화는 빠르게 진행되고 있다. 투자와 고용은 줄고 실업률과 자살률은 급증하고 있다. 돌파구는 없을까?

다행히도 신은 우리나라에 베트남을 비롯한 동남아 국가로의 진출 통로를 열어주셨다. 이 새로운 실크로드를 잘 살려나가야 한다. 기회를 실제 성공으로 이끄는 것은 이제 우리 각자의 몫이다. 사업이나 투자의 성공은 객관적 요소들이 작용하기도 하지만 사실 사업 당사자들끼리 코드와 궁합이 맞아야 한다. 그런 면에서 한국과 베트남은 너무나 코드와 궁합이 잘 맞는다. 이것이 바로 누가 디자인한다고 될 수 없는 요소들이어서 신이 주신 기회라 여겨진다는 것이다.

비슷한 역사 문화 및 서로를 좋아하는 감성

《사랑과 비즈니스에는 국경이 없더라》는 1990년대 초 상사맨과 해외 건설맨들에게 꽤 인기를 끌었던 책 제목이다. 필자 역시 그 당시 아시아, 중동, 아프리카 곳곳의 국경을 드나들며 '사랑과 비즈니스는 국경이 의미 없구나!' 라는 사실을 온몸으로 느끼고 있던 터라 제목에 이끌려 그 책을 구입해 단숨에 읽었던 기억이 있다. 그로부터 약 30년의 시간이 흐른 지금 제2판이 출간된다면 책 제목과 딱 맞아떨어져 보일 만한 배경으로 한국과 베트남이 등장하지 않을까 싶다.

베트남은 한국의 국제결혼 1위 국가로 이제 한국과 베트남은 사돈 국가가 되었다. 통계청에 따르면 2017년 다문화 혼인 건수 21,917건 중 베트남 부인이 27.7%이고 2000년~2017년 한국 남성과 베트남 여성 간 국제결혼 누적 건수는 93,000건으로 1위다. 이로 인해 한·베 2세들이 많이 태어나고 있다. 혼인신고를 하지 않은 사실혼 커플까지 포함시킨다면 통계 수치는 대폭 상승할 것으로 판단된다. 특이한 점은 예전에는 한국의 노총각과 베트남의 젊은 여성이 결혼하는 사례가 많았으나 최근에는 20~30대 젊은 한국 총각과 베트남의 젊은 처녀와의 사랑과 결혼이 점증하는 추세라는 점이다. 우리나라 사람들의 국제결혼 선호 대상 국가는 선진국을 포함해 우리와 비슷한 외모를 가진 몽골, 중국, 우즈베키스탄 등 여러 나라가 있을 것이다. 그런데 왜 하필 베트남 여성과의 국제결혼이 가장 많을까? 최근 행복한 가정을 꾸리고 있는 한·베 커플들 얘기를 들어보면 일단 한마디로 서로 잘 맞는다고 말한다. 한국과 베트남 양국에 거주하는 교민 수도 각각 15만~20만 명에 이른다.

그러면 도대체 무슨 이유로 한국과 베트남이 수교 25년 만에 이처럼 사랑(국제결혼 1위)과 비즈니스(외국인 투자 1위) 면에서 급발전했을까? 우선 한국과 베트남은 문화와 기질이 유사하다. 가령 가족 중심의 '효' 문화, 높은 학구열과 자녀 교육열(소득 대비 교육비 지출 세계 1위), 높은 자존심, 인내와 강인함, 단결력이 강한 민족, 동방예의지국(남방예의지국), 근면성, 노래방 문화, 술 건배 문화(원샷 문화), 유교 문화에서 온 비슷한 풍습과 관습, 젓가락 사용, 손님 대접 문화(손님 먼저), 식사 예절(윗사람 먼저), 식민지 경험, 오랜 대중국 항쟁의 역사(베트남과 중국 사이는 한국과 일본 관계보다 더 나빠 보인다), 수많은 외세의 침략 등이 그것이다.

여기에 경제·산업 분야의 공생 관계도 한몫하고 있는 것으로 판단된다. 예를 들면 일본과 중국은 우리나라와 경쟁 관계가 되었지만, 베트남은 아직 한국과 상호 보완적이고 상생·협력적인 산업 분야가 많다. 특히 한국 기업들의 베트남 경제 발전 기여도에 대해선 베트남 정부도 굳이 부인하지 않고 있다. 가령 삼성전자 하나만 보더라도 그렇다. 2018년도 베트남 전체 수출액 2,447억 달러 가운데 삼성전자 수출액이 약 600억 달러로 전체의 약 25%가 넘는 비중을 차지하고 있다. 그리고 삼성전자가 고용한 베트남 현지 근로자 수만 약 16만 명에 이른다. 베트남 정부는 이러한 점들을 잘 알고 있으며 한국을 베트남 경제 도약의 디딤돌과 견인차 역할로 활용하고 있다. 이만하면 한국과 베트남 양국은 찰떡궁합이 아닐까?

베트남에 불고 있는 문화 한류 열풍

K-POP과 한국 드라마를 중심으로 베트남에 부는 문화 한류 바람은 거세다. 과거 인기 드라마 대장금을 통한 한국 문화에 대한 동경 그리고 드라마 〈겨울연가〉 속의 흰 눈이 펑펑 내리는 아름다운 겨울풍경 등은 베트남 사람들에게 가슴 설레는 동화 속 동경의 대상이 되어버렸다. 언젠가 꼭 한 번 가보고 싶은 나라가 바로 대한민국이다. 지금도 베트남 도심 카페 곳곳에서는 한국 최신 가요들을 심심찮게 들을 수 있고 TV를 켜면 상당수 채널에서 한국 드라마와 오락 프로그램이 수시로 방송되고 있다. 베트남의 문화 한류 바람은 현재 진행형인 것이다.

그런데 이런 동경이 베트남 사람들만 해당되는 것일까? 우리나라에도 마찬가지 현상이 있다. 우리나라 사람들은 옛부터 겨울에 날씨가 춥고 어둠이 긴 동지 섣달 무렵이 되면 북풍 한설을 겪을 때 늘 따뜻한 남쪽 나라를 동경해왔다. 시인 김동환의 시에 작곡가 김동현이 곡을 붙인 〈산 너머 남촌에는〉은 이렇게 시작한다.

"산 너머 남촌에는 누가 살길래/해마다 봄바람이 남으로 오네~"

여기서 '남촌'은 월남, 즉 베트남을 말한다. 우리는 늘 추운 겨울이 되면 남쪽을 동경했다. 그래서인지 겨울에는 유독 동남아 여행을 많이 가는 것 같다. 특히 베트남은 우리나라 사람들이 가장 좋아하는 동남아 여행지 1순위 국가다. 최근에는 하노이, 호찌민, 다낭은 물론 나짱, 달랏, 붕따우 등 중소 도시로의 여행객들도 크게 늘어나고 있다. 이뿐만 아니라 우리나라에도 쌀국수로 대별되는 베트남 식당과 베트남식 카페 등이 빠르게 확산되고 있다. 베트남 여행과 베트남 음식 그리고 베트남 날씨 등은 우리나라 사람들이 평소 좋아하는 동경의 대상인 것이다.

베트남에 불고 있는 축구 한류 열풍

베트남에는 지금 문화 한류에 이어 축구 한류까지 쌍 폭풍이 거세게 불고 있다. 박항서 감독과 축구를 매개로 한, 두 나라의 서로에 대한 관심 증대는 고스란히 경제 협력 증대로 이어지고 있다. 그런데 베트남의 축구 실력 상승은 진짜 실력일까, 아니면 운일까? 아니면 정말로 박항서 감독의 매직일까?

베트남이 2018년 1월 27일 베트남 축구 역사상 처음으로 AFC U-23 축구 선수권 대회에서 준우승을 차지하는 쾌거를 이뤄냈다. 당시 베트남 언론에 따르면 베트남 전국에서 월남전 종전 이후 최대 인파가 길거리로 쏟아져나왔다고 하니 우승을 염원하는 베트남 국민들의 응원 열기가 어느 정도였는지 그날의 뜨거운 분위기를 가늠케 한다. 2002년 대한민국 월드컵 때 우리나라 축구 대표팀이 4강에 진출했을 때 분위기를 방불케 한 것으로 보인다.

이후 베트남 축구 대표팀은 아시안게임 4강, 동남아 스즈키컵 우승, 아시안컵 8강, 2019 킹스컵 준우승에 이르기까지 거침없이 질주했다. 이로 인해 베트남 축구팀 박항서 감독의 인기가 하늘을 찌르고 있다. '국민오빠', '꿈꾸는 자'라는 별칭을 얻은 것 하나만 보더라도 현지에서 그의 인기가 어느 정도인지 짐작케 한다. 박항서 감독은 베트남의 영웅이 되었고 한국에서는 '베트남의 히딩크'라는 별명을 얻었다. 이러다 보니 축구 대회가 끝날 때마다 도대체 이게 실력인지 운인지에 대한 질문이 꼬리를 물고 있다. 이에 대한 답을 찾기 위해 한국의 사례들을 찾아봤다.

〈도표 2-11〉은 1985년부터 2003년까지 우리나라 1인당 GDP

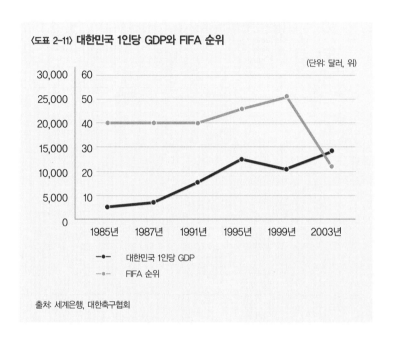

〈도표 2-11〉 대한민국 1인당 GDP와 FIFA 순위

(단위: 달러, 위)

대한민국 1인당 GDP

FIFA 순위

출처: 세계은행, 대한축구협회

변동추이 곡선과 국제축구연맹(FIFA) 랭킹 변동추이 곡선이다. 그래프를 보면 1999년도까지 한국의 FIFA 순위가 수십 년째, 40~50위권에 머물러 있다가 1인당 GDP가 12,000달러대에 진입했던 2002년도부터 급상승한 것으로 나타났다. 축구 실력과 경제 성장의 직접적 상관관계를 논하기는 쉽지 않지만 최소한 우리나라의 경우 경제 성장에 따른 국운 상승과 축구 실력은 어느 정도 상관관계가 있는 것으로 분석된다.

베트남의 경우도 축구와 베트남 경제 발전 간에 상관관계가 있다고 본다. 지난 30년간 1인당 GDP가 꾸준히 상승한 것으로 나타났는데 1985년 231달러, 2005년 684달러, 2010년 1,310달러, 2015년 2,065달러, 2018년 2,587달러로 1985년 대비 11배 이상 상승했다. 하지만 베트남 축구 대표팀의 쾌거를 베트남 경제 성장이나 국민소득 증가만으로 설명하기에는 아직 충분하지는 않다. 더 중요한 것은 국민 자신감이다. 즉 베트남 국민들이 1인당 GDP 11배 증가에서 얻은 '우리도 하면 된다'는 자신감과 최근 경제 성장 분위기에서 파생된 국민 사기 상승 그리고 베트남의 히딩크, 박항서 감독의 아버지 리더십이 상호 상승 작용을 일으켜 베트남 국운 상승으로 이어졌다고 본다.

결론적으로 경제 발전과 축구 실력 향상, 박 감독의 아버지 리더십 등의 총합체의 결과가 베트남 축구 대표팀 선전으로 이어지고 있다. 한마디로 베트남은 전반적으로 국운 상승기에 있다고 봐도 무방할 것이다. 한국의 2002년 분위기를 기억하면 잘 알 수가 있다. 우리는 이런 기회를 놓치지 말아야 한다.

'신남방 정책'과 남북 관계 증진

문재인 정부 대외 경제 정책의 핵심은 '신남방 정책'과 '신북방 정책'이다. 신남방은 2017년 11월 문재인 대통령이 동남아 순방

중 선언한 정책으로, 앞으로 동남아 아세안 국가들과의 관계를 4대 강대국 관계 수준으로 격상해 경제 협력 관계를 강화하겠다는 구상이다. 구체적으로 오는 2020년까지 한·아세안 교역 규모를 지금보다 2배 늘려 2천 억 달러로 증대시키겠다는 계획이다. 특히 이 중 핵심 국가는 베트남이어서 2020년 베트남과의 교역 규모는 1천 억 달러, 즉 아세안 교역의 절반이 베트남과 이뤄지는 셈이다. 실제로 한·베트남 교역 규모는 2018년 일본을 넘어섰으며 영국, 독일, 프랑스, 스페인 등을 모두 포함한 유럽연합(EU) 전체와의 교역량 규모도 조만간 넘어설 전망이다. 이 때문에 현 정부 들어 우리 기업들의 베트남으로의 신규 진출이 급증하면서 지금은 7,745개(2019년 4월 베트남 MPI 기준)의 기업들이 베트남에 법인 설립을 하고 활동을 하고 있다.

또한 신북방은 북한과의 관계 개선을 통해 러시아 및 유럽으로 철길과 해로를 열겠다는 구상인데, 관건은 북한의 비핵화 조치 및 개혁 개방 여부다. 그런데 여기서 관계 개선의 키를 쥐고 있는 미국과 당사국인 북한은 베트남을 개혁·개방의 롤모델로 삼고 있다. 이로 인해 베트남은 북한 경제 개발에 있어 앞으로 중요한 역할을 할 것으로 기대된다. 베트남은 이제 사업 및 경제적 이해관계에 따른 우리의 협력 대상일 뿐만 아니라 신북방의 길을 열기 위한 정치 외교적 필요에 의해서도 협력을 강화해야 하는 중요한 상대국이 된 것이다.

다만 베트남은 전반적으로 한반도에 대해서는 중립적인 태도를 보이고 있다. 한국과의 실질적 협력 관계 발전을 매우 중시하면서도 북한과의 전통적 우호 협력 관계를 유지하고 있기 때문이다. 하지만 최근 경제 협력 증대로 한국과의 관계가 그 어느 때보다 굳건해지고 있어 북한 핵 문제와 관련해서도 한반도 비핵화와 대화를 통한 평화적 해결을 지지하고 있다. 통일에 대해서는 베트남의 경험을 반영해 평화적 방법에 의한 통일을 강조하고 있다. 사실상 한국의 한반도 정책을 지지하고 있는 셈이다.

이런 배경으로 앞으로 한·베 수교 30주년이 되는 오는 2022년에는 현재의 '사돈 국가' 또는 '세계 제1의 비즈니스 파트너 국가'에서 더 나아가, '동반자를 넘어 동맹 관계'로 격상될 가능성이 높다. 몽골 제국과 프랑스, 미국, 중국과 자력으로 싸워 이긴 베트남과 우리가 동맹 관계를 맺는다면 신북방의 활로를 여는 데도 크게 도움이 될 것으로 사료된다. '한·미 동맹'에 버금가는 '한·베 동맹'이 맺어진다면 아마도 주변 4대 강국도 대한민국을 함부로 넘보지 못하는 상황이 되지 않을까?

이 지구상에 한국과 베트남같이 문화적·경제적으로 궁합이 잘 맞는 나라가 또 있을까? 여기에 지금과 같이 정치·경제·사회·문화·스포츠 등 모든 면에서 양국 관계가 격상되고 서로 더 협력할 수 있는 여러 분위기가 조성되는 것은 누가 기획한다고 될 수 있는 일도 아니다. 이런 면에서 지금 베트남으로의 진출과 투자 기회는 신이 주신 선물이다.

04

베트남 소비 트렌드와 유망 업종

한국인 및 베트남인 관심 키워드

구체적인 베트남 진출 투자 유망 산업 업종을 살펴보기에 앞서 우리 국민들이 베트남 하면 떠오르는 관심사를 먼저 조사해봤다. 우리 국민들은 베트남에 대해 어떤 관심을 갖고 있을까? K-VINA 비즈센터가 세미나에 모인 분들을 대상으로 설문 조사한 바에 따르면 관심 키워드 1위는 투자, 2위는 부동산이었다. 즉 베트남 투자에 가장 관심이 높았다. 이어 부동산에 대한 관심이 높았다. K-VINA비즈센터가 설문을 토대로 선정한 2018년 한국인의 베트남에 대한 관심 키워드 TOP 10은 다음과 같다.

① 베트남 투자
② 베트남 부동산

③ 베트남 사업

④ 베트남 축구

⑤ 베트남 주식

⑥ 베트남 여행

⑦ 베트남 비자

⑧ 베트남 유학

⑨ 베트남 국제결혼

⑩ 베트남어

이제 베트남 내부로 들어가보자. 베트남 사람들의 지금 관심사는 뭘까? 베트남 경제 및 사회는 지금 빠르게 변화하고 있기 때문에 10년 전 트렌드가 지금도 유지될 것이라고 생각하면 큰 오산이다. 해가 다르게 트렌드가 바뀌고 있다. 베트남은 젊은 인구 비중이 높은 가운데 빠르게 발전하고 있어 트렌드 역시 우리보다 훨씬 빠르게 변화하고 있다.

코트라 현지 무역관이 조사한 2018년 베트남 소비 시장 핫트렌드 6가지는 홈스테이, U-23 박항서 열풍, 베트남 가요 V-POP, 코워킹스페이스, 외국 브랜드 디저트, 끝으로 배달 음식이었다. 사실 우리나라 또는 다른 선진국 소비 트렌드와 크게 다르지 않다는 점을 발견할 수 있다.

'홈스테이'가 2018년 핫트렌드 1위를 차지했는데, 이는 베트남의 여행 인구가 꾸준히 증가하고 있으며 특히 가성비를 따지는 여행객들이 많다는 것을 보여준다. 또한 여행 분야에서 온라인 및 모바일 플랫폼들이 빠르게 성장하면서 이런 환경이 영향을 미친 것으로 분석된다. 그다음은 'U-23 축구 대회 및 박항서 열풍'이다. 이는 국가대표 축구팀 응원으로 베트남 국민들의 마음이 하나가 되었고 2018년 베트남 내 소셜 미디어에서도 박항서 감독이 두드러진 인물 1위로 선정된 것이 영향을 미친 것으로 보인다. 이어 베트남 가요 'V-POP'이다. 이는 저작권법 개선과 함께 다양한 디지털 음원 플랫폼의 등장 그리고 스마트폰 보급률이 증대되면서 언더그라운드 뮤지션들의 인기가 상승한 탓이다. 또한 국내 기획사 SM 엔터테인먼트가 베트남 시장에 본격 진출해 영향을 준 것으로 분석된다. 네 번째는 '코워킹스페이스'. 이는 현지 스타트업 생태계 활성화 및 외국계 기업들의 베트남 진출 가속으로 코워킹스페이스가 성장하고 있기 때문이다. 코워킹스페이스를 선택한 이유로는 현지 기업들이 다른 기업들의 경우 사업을 어떻게 시작하는지 파악하고 배우기 위해 공유 오피스를 활용하고 있다고 답했다. 합리적인 가격과 가격 대비 접근성이 좋은 위치 등의 장점도 꼽았다. 다섯 번째는 '외국 브랜드 디저트'다. 원래 베트남 사람들이 커피와 디저트를 좋아하는 문화가 있는데 다양한 외국계 브랜드 디저트들이 대거 진출하면서 관심도가 더 올라가고 있다. 이어서 배달 음식이다. 택배·배송 시장이 연간 15~20% 성장하고 있으며 현지 주문·배달 서비스 플랫폼도 성장하고 있다. 배달 음식 시장은 앞으로 소비 시장 확대와 취업 인구 증대로 인해 더욱 크게 확대될 가능성이 높다.

〈도표 2-12〉는 코트라 현지 무역관에서 최근 몇 년간 베트남 내부 소비 시장에서 변화하는 트렌드 6가지를 정리한 내용이다. 베트남 내수 시장을 상대로 어떤 사업을 준비해야 하고 투자를 해야 하는지를 가늠하기 좋은 조사 내용이다.

2015년 말부터 2016년 사이 주목할 내용은 이전과 달리 무조

〈도표 2-12〉 베트남 소비 트렌드 6가지

2015~2016년	2016~2017년
무조건 싼 것보다는 '가성비'	어플리케이션을 활용한 택시 시장, 그랩(Grab)
한식의 베트남화, 'Mi Cay'	식품 안전에 대한 관심이 이제는 실제 소비로!
콜라보다는 '차(tea)' 음료 선호	돌아온 버블 밀크티 전성시대
스포츠 브랜드 운동화 선호 급증	의류 생산 기지 베트남, 패션 소비 시장으로 부상
아파트 재건축, 시멘트가 아닌 아이디어로!	골목 상권 주름잡은 편의점
옛날 감성 찾는 소비자 증가	여가 공간의 확장

출처: 코트라 호찌민 무역관

건 저렴한 가격보다 '가격 대비 만족스러운 품질'에 대한 소비자 관심이 급증했다는 점이다. 또한 2016년 말부터 2017년 사이의 특징은 안전과 품질이 보장된 상품 및 서비스에 대한 수요가 특히 두드러졌다는 점이다. 아울러 현대적인 운영 체계와 이동통신 기기를 활용한 서비스도 현지 소비자들에게 큰 인기를 끌었는데, 이는 호찌민시와 하노이시를 비롯한 베트남 대도시들을 중심으로 소비자 의식과 구매력이 성장했음을 방증하는 것이다. 일례로 현지 소비자들은 모바일 애플리케이션을 기반으로 '합리적인 소비'를 유도하는 O2O 택시 서비스에 폭발적인 수요를 보였으며, 식품 안전에 대한 관심으로 밀크티 프랜차이즈의 부흥과 길거리 음식 문화의 변화가 크게 있었다.

따라서 우리 기업들은 베트남 소비재 시장 진출을 할 때 합리적인 가격과 신뢰할 수 있는 품질 사이에서 균형을 잡는 것이 중요하다. 지속 발전하는 베트남 경제와 이에 따른 현지인의 삶의 질 개선으로 베트남 소비자들의 안목도 높아졌다는 점을 꼭 기억할 필요가 있다. 이러한 변화 추세는 앞으로도 꾸준히 이어질 것으로 예상된다. 그러나 베트남이 아직은 발전 단계에 있는 개발도상국임을 잊지 말아야 한다. 베트남의 소매 유통 시장이 매년 두 자릿수의 성장률을 그리며 대폭 증대되고 있지만, 베트남의 1인당 GDP는 3,000달러 이하대에 머물러 있기 때문이다. 참고로 베트남에서 개인소득 수준이 가장 높은 하노이시와 호찌민시의 1인당 GDP는 공식적으로 각각 3,500달러, 5,538달러다(그러나 필자는 지하 경제를 포함한다면 1인당 GDP는 하노이시의 경우 약 6천 달러, 호찌민시의 경우 약 8천 달러 이상으로 보고 있다).

한국 기업이 비교 우위에 있는 분야 및 진출 유망 업종

한국과 베트남의 경제력 격차가 아직 크다고 해서 아무 업종이나 현지에 진출한다고 다 성공하는 것은 아니다. 이미 기초적인 제조업은 기술 격차가 거의 없어지고 있고 손재주에 있어서는 베트남 국민이 결코 한국 사람들에게 뒤지지 않는다는 점을 기억해야 한다. 따라서 지금부터는 반드시 한국이 아직 상대적으로 비교 우위를 점하고 있는 업종과 기술 중심으로 진출과 투자를 고려해야 한다. 현재 베트남 현지에 진출해 있는 한국 기관 및 주요 기업 법인들이 꼽는 한국 비교 우위 업종은 다음과 같다.

① 제조공업, 전기, 전력
② 생명응용공학
③ 에너지, 재생 가능 에너지
④ 자원 산업

⑤ 농업, 식품 제조업

⑥ 인프라 개발 및 정부 기관 합작

⑦ M&A 및 스타트업

⑧ 의료

⑨ 교육업

이 중 우리가 특히 주목해야 할 주요 유망 업종과 기회 요소들을 부연해 설명하고자 한다. 먼저 인프라와 소매, 운송 관련 사업이다. 인프라 산업의 경우 지속적으로 투자가 확대되고 있다. 한마디로 계속 시장이 커지고 있다. 도로, 교통, 항만, 항공 등의 개발이 성장의 핵심으로 인식되고 있다. 중장기적으로 교통은 베트남의 주된 인프라 투자 분야가 될 것으로 예상된다. 대략 인프라 개발은 2030년까지 약 2,000억 달러 이상이 필요할 것으로 보인다. 다만 베트남 정부 재정 여력이 좋지 않기 때문에 정부 예산의 직접적 투자를 기대하지 말고 민관 합동 투자 형식 또는 투자 펀드, 국제 원조 자금 등의 유치 등을 고려해야 한다. 인프라와 함께 국민들의 주택 실수요 증가로 인한 아파트 개발도 확산될 것으로 보여 주택 개발 사업도 유망하다. 핵가족 증가와 젊은 층의 거주 인식 변화 등으로 아파트 수요는 점차 증가할 것으로 예상된다. 다만 아직은 베트남 1인당 GDP가 낮아 수요 잠재력을 충분히 발휘하지 못하고 있다고 볼 수 있다. 또한 아직 베트남 사람들이 빌라 및 단독주택 형태를 선호하고 있다. 하지만 점차 수요 스타일이 아파트 쪽으로 변화할 것으로 예상한다.

다음은 소매 산업이다. 편의점의 경우 성장 속도가 매우 빠르다. 대도시 인구 증가와 습관 변화에 따른 시장 확대다. 우리나라도 그렇지만 전통 시장 성장세가 둔화된 반면 현대 시장 성장 여력이 강해지고 있다. 가히 폭발적 성장이라고 보는 것이 맞다. 우리가 겪었던 중간 단계의 슈퍼마켓 등은 건너뛰고 있는 것이다. 전통 시장에서 바로 대형 마트 및 편의점으로 변화하고 있다. 이와 맞물려 전자상거래 시장 발달을 주목해야 한다. 가계소득 개선에 따른 지출 확대로 소매 시장이 급성장하고 있는데, 특히 모바일 스마트폰의 빠른 보급으로 전자상거래 시장이 함께 고속 성장하고 있다. 여기에는 선진 마케팅 기술이 빠르게 확산되고 투자 규제 완화에 따른 글로벌 기업들의 진출, M&A 활성화 등의 요인도 영향을 주었다.

참고로 독일 시장조사기관 스타티스타(Statista)에 따르면, 2019년 베트남 전자상거래 시장 예상 매출 규모는 27억 900만 달러로, 전년(22억 5,900만 달러) 대비 19.9% 증가할 것으로 예상된다. 앞으로 시장 규모가 지속적으로 확대될 전망이다. 전자상거래를 통해 가장 많이 판매되는 품목은 옷, 신발, 화장품으로 나타났으며, 전자 기기, 가정용품, 서적, 문구 용품 등이 그 뒤를 이었다. 베트남 정부 역시 전자상거래 시장을 육성하기 위해 2020년까지 전자상거래 매출을 전체 소매 시장 매출의 약 5%에 상당하는 100억 달러에 이르게 하겠다는 목표를 갖고 있다. 또한 온라인 구매 인구 비중이 베트남 전체 인구의 30%에 달하고, 1인당 연평균 온라인 구매액이 350달러에 이르도록 하겠다는 게 베트남 정부의 구상이다. 이와 관련해 통신업 또한 커지고 있다. 다만 외국 기업들이 베트남 통신 시장에 뛰어드는 것은 쉬운 일은 아니어서 이쪽은 신중할 필요가 있다. 대표적인 베트남 통신사인 모비폰(Mobifone), 비나폰(Vinaphone), 비엣텔(Viettel) 등 대형사들은 민영화 및 주식 상장 계획을 갖고 있어 외국 기업들은 지분 투자 형식으로의 참여 가능성은 열려 있는 상황이다.

베트남은 세계에서 정보통신 기술 성장이 5번째로 빠른 국가다. 국민의 IT 기술에 대한 빠른 적응과 정부의 적극적인 육성책이 빚어낸 결과다. 실제로 하루가 다르게 스마트폰을 사용하는 베트남 시민들이 늘어나고 있는 것을 쉽게 목격할 수 있다. 다만 수요는 급증하고 있지만 여전히 통신 설비 생산 능력은 부족해 관련 장비 대부분을 외국 업체로부터의 수입에 의존하고 있다는 점은 기억해야 한다.

교육 사업도 베트남에서 유망한 분야다. 베트남 내 국제학교에

자국 학생을 더 많이 입학시킬 수 있도록 하는 내용의 외국인 교육이 사업 투자 관련 법령이 발효됐다. 이에 따라 베트남 학생 수 비율이 10% 이내였던 국제초등학교·중학교와 20% 이내였던 국제고등학교가 모두 50% 이내 수준으로 확대된다. 지금까지 베트남 학생 수 비율 제한으로 국제학교가 학생 수를 확보하는 데 어려움을 겪어왔기 때문에 그동안 교육 분야 해외 투자 유치의 장애물이 되어왔다. 이런 장애물이 사라지면서 교육 관련 외국 투자가 증가하고 있다. 베트남 기획투자부에 따르면 2018년 등록된 교육 분야 외국인 투자 프로젝트는 46개로, 총 5천 6백만 달러 규모다. 또한 베트남 젊은이들의 한국어 학습 열풍, 영어 교육 수요 증대 등으로 언어 학원 사업도 시장이 확대되고 있고, 베트남 학생들의 외국 유학 수요와 베트남 내로 들어오는 외국인들의 수요도 동반 상승하고 있어 유학원 사업도 유망하다. 특히 IT 업종과 접목한 온라인 모바일 교육 사업을 검토한다면 더 좋은 기회를 잡을 수 있을 것으로 분석된다.

베트남 사람들의 구매 습관과 제품 선호 인식 변화도 눈여겨볼 대목이다. 소득 증가로 생활필수품보다 고품질 그리고 건강식품 선호 현상이 두드러지기 시작했다. 경제 성장에 따라 삶의 여유, 웰빙 추구, 안전과 청결을 추구하는 경향이 점차 강해지고 있다. 이와 함께 운송 및 교통 산업도 빅뱅을 예고하고 있다. 지금은 베트남 국민 절대 다수가 교통 수단으로 오토바이를 사용하고 있다. 코트라에 따르면 2018년 기준 오토바이 수는 4,600만 대로 인도, 중국, 인도네시아에 이어 세계 4위를 기록했다. 베트남 국민 2명당 1대를 보유하고 있는 셈이다. 4인 가족 기준으로 보면 각 집에 최소한 2대의 오토바이가 있고 성인은 각각 1대씩 갖고 있다는 말이니, 베트남 하면 오토바이가 떠오르는 것은 당연한 일인지도 모르겠다. 하지만 오토바이가 대기오염 및 교통 혼잡 유발 주범으로 지목되면서 2030년부터 오토바이는 시내 진입이 제한될 예정이다. 2030년 이후 시내 오토바이 통제법이 발효되면 호찌민시와 하노이시 도심에서는 오토바이 사용이 금지된다. 물론 하루아침에 오토바이 사용을 하지 않는 일은 벌어지지 않겠지만 지금보다는 오토바이 이용자 수가 크게 감소할 것이다. 이 수요는 그럼 어디로 갈 것인가? 앞으로 본격적인 자동차 소유 시대가 열리는 것이다. 2017년 베트남 국민 1천 명당 16대, 2018년에는 국민 1천 명당 50대의 승용차를 보유하고 있는데, 이 숫자는 지속적으로 증가할 전망이다. 소득 증가와 인프라 개선, 차량 수입세율 인하, 안전 수단 선호 등으로 승용차 구매가 더욱 확산될 것이다. 그리고 지하철 완공에 따른 대중교통 이용자 수도 증가할 전망이다.

부동산 업종은 지금도 좋지만 앞으로도 유망할 전망이다. 도시 인구 증가로 더 이상 전통적인 주택 보유가 불가능해지고 인식도 변화하고 있다. 현재 20~39세 근로자가 전체 인구의 36%를 차지하는데, 이들 대부분이 도시에 거주하면서 아파트 실수요가 증가하고 있다. 따라서 아파트 수요자들은 지속적으로 늘어날 것으로 보여 관련 산업 역시 시장이 크게 확대될 전망이다. 또한 앞서 설명한 교통 인프라 시장 증대에 따라 사회 기반 시설 건설 및 건설 시장 회복세도 유지될 것으로 예상된다. 여기에 교통 문제 해결과 도시화 확대 등에 대한 포괄적 해결 방안으로 대형 신도시 개발과 고속도로 및 철도 등 건설 계획이 있어 건설 업종 성장 가능성이 높다. 2018년 VN 지수는 -9.3%로 2017년에 비해 하락했는데, 부동산 업종 지수는 24.1% 상승해 건설 부동산 산업의 호황을 상대적으로 증명해줬다. 부동산 및 건설 시장 호황으로 관련 종목에 대한 매수세는 지속적으로 유입되고 있다. 이처럼 주식 시장에 대한 관심과 함께 부동산 개발 및 수요 증가에 따른 대출 시장도 커지고 있다. 주식, 대출 그리고 보험까지 관련 금융 업종도 점차 커지고 있는 모습이다.

전문적인 업종이기는 하지만 베트남 전력 도매 시장도 관심을 가질 만하다. 베트남 전력 도매 시장이 1년간의 시범 운영 기간을 마치고 2019년부터 완전 개방되기 때문이다. 베트남 내 전력 시장은 발전과 도매, 소매 등 세 부분으로 나뉘어 개발되는데, 발전 시장은 지난 2012년부터 개방됐으며, 소매 시장 개방은 아직 이뤄지지 않고 있다. 하지만 도매 시장은 개방되면서 베트남 정부는 관련 IT 인프라 개선과 기업 대상 교육에 집중하고 있는 모습이다. 실제로 이를 대비해 국내 에너지 관련 대기업인 두산중공업은 베트남 에너지 기업들과 잇따라 협약을 체결하며 베트남 진출에 박차를 가하고 있다. 두산중공업은 베트남전력공사(EVN)와 3mw 해상풍력발전 실증단지 건설을 위한 협약을 체결했다. 두산중공업은 풍력발전단지 및 베트남 화력발전소의 선진화 사업 등에 진출해 베트남 신재생 에너지 시장을 선점한다는 계획이다. 베트남 정부는 태양광 및 풍력발전 등의 신재생 에너지 분야를 확대해 부족한 베트남 내 전력 시장을 보완한다는 방침이어서 도심권 건물을 대상으로 한 소형 태양광 발전 사업도 유망한 것으로 파악된다. 최근 한화그룹의 공격적인 베트남 투자도 베트남 내 에너지 시장 확대와 관련이 깊다.

K-VINA비즈센터가 요즘 주목하는 산업은 스마트시티 개발이다. 부동산과 건설, IT와 신재생 에너지, 자동차, 신교통 수단, 교육 등 거의 모든 분야가 스마트시티 개발에 종합 접목되기 때문이다. 마침 우리 정부는 스마트시티 개발을 우리가 지속적으로 육성할 유망 산업이라 보고 관련 연구에 박차를 가하고 있다. 세종과 부산 등을 스마트시티 시범단지로 지정하기도 했다. 앞서 우리는 대형 신도시 개발의 많은 노하우를 갖고 있다. 베트남 달랏시는

특히 베트남 내에서 이런 스마트시티 개발을 시범적으로 시행할 최적의 장소로 센터는 판단하고 있다. 왜 그런지 간략히 설명하고자 한다.

베트남 람동성과 달랏시 정부는 도시 인프라 개발을 원하지만 아름다운 천혜의 자연환경을 훼손하면서까지 해야 하는 개발 방식을 원하지 않는다. 달랏의 자연환경을 최대한 보존하면서도 시민들의 주거 생활 수준을 선진국 수준으로 향상시키고 주거 생활비는 제로에 가까울 정도로 비용을 대폭 절감하는 친환경·생태보전 및 자급 자족형·스마트시티 개발에 관심이 많다. 즉 '자연친화적 친환경 스마트시티'로 개발하는 것을 희망하고 있다. 이를 위해 2017년부터 2025년까지 개발을 완료하는 계획을 수립하고 K-VINA센터와 의논하고 있다. 우리가 가진 기술과 경험을 통해 현지에서 접목시킬 만한 일들이 많다고 본다. 람동성과 달랏시 정부와 협의가 잘된다면 향후 달랏시에 우리나라의 첨단 신기술 분야인 '미래형 스마트 도시 모델'을 구축하는 사업을 추진할 수 있을 것으로 전망한다. 미래형 스마트시티는 도시를 ICT 등이 활용된 안전하고 편리한 최적의 생활 환경으로 구성하고 거주자 소득 향상과 행복 실현을 위한 도시 종합 인프라를 구축하는 것이다.

구체적인 예를 들자면 태양열발전, 풍력발전이라든지, 달랏 호수의 물을 활용한 정화 시설이라든지, 자연환경과 신재생 에너지 기술을 접목한 관광 산업, 특히 달랏 지역 농업 및 축산업과 연계한다면 기존 관광에 6차 관광 산업도 가능하다고 본다. 이와 함께 달랏시에는 한국학과로 유명한 달랏대학교가 있다. 1957년에 설립된 베트남 명문 국립대 중 한 곳이다. 스마트농업 분야와 IT 분야, 생명공학 분야 등의 전문 인력을 양성하고 있다. 전문 인력과 좋은 기후, 낮은 경작 비용을 활용할 수 있는 유망 지역으로 알려지면서 달랏 지역에 대한 한국, 일본, 싱가포르 등의 외국인 투자자들의 관심이 높다. 가령 일본인 투자자 타카 씨는 30대 초반 일본을 떠나 달랏 근교에서 '꽃 농장'을 현재 운영하고 있다. 네덜란드, 스페인, 콜롬비아, 일본에서 자라는 70종의 '카네이션과 데이지'를 달랏에 가져와서 대규모 생산을 위해 적합한 품종을 선별하고 연구 및 실험 재배했다고 한다. 일본 내 경작 비용의 1/4 수준으로 매달 20만 송이의 카네이션과 데이지를 생산하고 있고, 그중 2/3가 일본으로 수출된다고 한다. 그는 현재 40여 명의 현지노동자들과 함께 일본 표준 품질에 맞는 꽃을 생산해내기 위해 기술을 계속 발전시키고 있다.

이와 관련해 한국의 많은 기술자와 사업가들도 관심이 있다면 K-VINA와 함께 달랏에서 새로운 성공 모델을 만들었으면 하는 바람이다. 한국의 스마트시티 개발 경험과 노하우를 베트남 달랏시에서 실현하는 날을 꿈꿔본다.

중국과는 경쟁 관계, 베트남과는 협조 관계

이제 한국은 중국과 경쟁 관계지만 베트남과는 협조 관계다. 지난 20~30년 동안 중국이 우리의 기술과 자본을 필요로 했지만 이제는 로컬 자본이 축적되어 있기 때문에 더 이상 한국과는 협조 관계가 아니라 경쟁 관계일 수밖에 없는 상황이다. 그렇지만 베트남은 제조업 기반이 굉장히 약하고, 현재 수출에 있어 외자 기업들의 기여도가 70% 이상이다. 그만큼 외국 제조업에 대한 의존도가 클 수밖에 없다. 특히 우리가 더 넓은 시장으로 가기 위한, 그리고 통일을 앞당기는 묘책으로 베트남은 경제·외교적 의미가 있는 중요한 지역이다. 옛날과 같은 아세안과 북한과의 관계는 더 이상 어렵다. 한국과의 교류 관계가 커지면 커질수록 한국과의 관계가 더 강화될 수밖에 없다.

우리는 베트남을 아세안 진출의 전초기지로 삼기 위해 더욱더 관심과 집중을 기울이는 것이 필요하다. 아직 제조업도 좋지만 장기적으로는 내수 시장 확대에 따른 유통, 뷰티, 의료 산업 등의 업종이 유망하다. 한류의 영향을 받아 한국 소비재에 대한 관심들이 높다. 최근에는 유통 시장도 재래 시장에서 외연 확대를 하고 있다. 현재 롯데마트, 이마트 등이 많이 진출해 있으며, 베트남도 점차 고령화가 진행되고 있기 때문에 우리의 선진화된 의료 산업도 경쟁력이 있을 것으로 보인다.

05

베트남 진출, 이것만은 알고 하자

베트남 진출 및 투자를 할 때 알아야 할 내용들은 무수히 많다. 부동산 및 주식 투자 시 고려해야 하는 요소들은 관련 장에서 자세히 다루기로 하고, 여기서는 일반적인 진출 시 유념해야 하는 것들을 몇 가지 항목으로 축약해 간단히 설명하고자 한다.

베트남은 '신이 지켜주는 나라'

베트남에 성공적으로 투자 및 진출하기 위해서는 베트남인의 민족성과 국가관을 파악하는 것이 중요하다. 우리는 베트남 설화를 통해 베트남인의 민족성과 국가관을 엿볼 수 있다. 베트남은 과거 중국 한나라와 명나라의 침략을 받은 바 있어 《호안끼엠 호의 유래》, 《쫑투이 왕자, 미쩌우 공주·옥진주 이야기》 등 해당 시대에 관련된 설화들이 많이 있다.

전혜경 한국외대 베트남어과 교수 설명에 따르면 이들 설화 속에서 비춰지는 베트남인의 국가관은 한마디로 표현하면 '신이 지켜주는 나라'라는 인식이 있다는 것이다. 《호안끼엠 호의 유래》는 하늘에서 신검을 보내 명나라, 다시 말해 외부 침략을 물리치게 한 후 검을 회수해갔다는 내용이다. 하늘이 검을 회수해갔다는 것은 더 이상의 외세 침략은 없다는 것을 암시하며, 이는 베트남이 초월적 존재로부터 보호받고 있다는 뜻이다.

《쫑투이 왕자, 미쩌우 공주·옥진주 이야기》도 마찬가지다. 신이 보낸 거북이의 발톱으로 만든 신궁으로 중국 진시황의 제후로부터 나라를 지켰다는 이야기는 베트남이 어느 누구도 침략할 수 없는 나라임을 이야기한다. 이를 통해 베트남인들이 외세의 침략으로부터 나라를 지킨 선조들을 자랑스럽게 여기고 있으며, 그에 대한 자부심이 크다는 것을 알 수 있다.

베트남 사업 성공을 위해서는 베트남인의 의식 속에 흐르는 국가관과 민족관을 이해하고 그 사람들의 문화를 제대로 알아야 효과적인 사업 전개와 인사 노무 관리를 잘할 수 있다.

꽃을 좋아하고, 술을 권하며, 낮잠을 즐기는 문화

베트남인들은 상부상조 정신이 강하고 많은 전쟁을 치러 공동체의 안정을 유지하려는 심리도 강하다. 또한 명예를 중시하고 체면 중시의 손님 접대 문화가 있어 손님에 대해서는 극진히 대접하려는 경향이 있다. 또한 서로 선물을 주고받는 것을 좋아하고 특히 꽃을 선물하는 것을 좋아한다. 동남아 국가 중 상대적으로 술을 좋아하고 손님에게 술을 권하는 문화도 강해 사업상 만남에서 맥주를 즐겨 마신다. 알려진 대로 베트남 국민들은 동남아 국가 중 상대적으로 상당히 부지런하고 손재주가 있으며 생활력도 강하다.

이와 상반된 내용으로는 기본적으로 기후와 토양이 좋아 농업이 발달되어 양식 걱정이 없다 보니, 부지런함과 함께 느긋한 성향도 같이 공존하고 있다. 회사 생활 문화 중에는 점심시간에 항상 낮잠을 자는 습관이 있다. 한국에서만 생활한 한국인 상사와 베트남인 부하 직원 사이 가끔 갈등 요인이 되기도 하는 요소가 바로 점심시간 낮잠 문화다. 현지 문화를 이해하고 기업 진출을 하면 불필요한 수업료를 지불하지 않아도 될 것이다.

자유롭지만 도농 간 격차 심한 공산당의 나라

제도적으로 우리가 가장 유념해야 하는 점은 베트남은 공산당 사회주의 국가라는 점이다. 사회주의 체제 유지 속 시장 경제 체제를 도입하고 있어 이에 대한 이해가 상당히 중요하다. 선진국과 국제 기구로부터 원조를 받지만 아무것이나 받는 것은 아니고 명분을 따지기 때문에 이들의 자존심을 상하게 해서는 곤란하다. 선진 기술과 자본을 받는 것에는 무척 관심이 높지만 그렇다고 이들을 무시하거나 자존심을 상하게 하는 언행을 해서는 안 된다. 또한 현재 베트남 경제·사회는 낙후된 인프라 속에 선진 기술과 자본이 부분적으로 도입되어 지역별로 편차가 심하다는 점을 이해해야 한다. 이러다 보니 지역별로 전혀 다른 시장이 형성되기도 하고 도시와 농촌에 따라 다른 시장 여건과 소비 성향을 보이기도 한다.

기업 사업 진출 시 특히 현재 상황에서 고려해야 하는 중요 요소들은 다음과 같다.

최저임금 인상

많은 한국 기업이 중국을 떠나 베트남에 새롭게 둥지를 튼 이유는 상대적으로 저렴한 인건비를 찾아서다. 하지만 베트남 인건비는 해마다 상승하고 있다는 점을 꼭 기억해야 한다.

사실 많은 베트남 진출 유망 기업들은 이 지속적인 인건비 상승 상황 때문에 베트남 시장 진출을 고민하고 있다. 그러나 알아둬야

〈도표 2-13〉 베트남의 지역별 최저임금 인상률 추이

(단위: %)

	2012년	2013년	2014년	2015년	2016년	2017년	2018년
1지역 (하노이, 호찌민 등)	48.1	17.5	14.9	14.8	12.9	7.1	6.1
2지역	48.3	18.0	14.3	14.6	12.7	7.1	6.3
3지역	47.6	16.7	16.7	14.3	12.5	7.4	6.6
4지역	68.7	17.9	15.2	13.2	11.6	7.5	7.0
평균 상승률	53.2	17.4	15.3	14.2	12.4	7.3	6.5

〈도표 2-14〉 주변국 월 최저임금 비교

(단위: 달러)

	베트남		인도네시아		태국		캄보디아		중국
	2016년	2017년	2016년	2017년	2016년	2017년	2016년	2017년	2017년
최고	154.5	165.5	233.5	252.8	168.5	174.2	140.0	153.0	292.9
최저	105.9	113.9	93.2	100.8	168.5	168.5			144.3

할 점은 급격한 인건비 상승이 점차 둔화되고 있다는 점이다. 어느 나라든 고속 성장기에는 인건비가 오르기 마련이어서 그 인상 폭이 중요하지 인상 자체가 문제가 되는 것은 아니다. 베트남 정부는 인건비 상승폭을 매년 합리적으로 조절하고 있다. 이는 인건비 상승 통계표에서도 확인된다. 또한 대부분의 외국인 투자 회사들은 이미 지역별 최저임금 이상의 급여를 지급하고 있어 사실 지

〈도표 2-15〉 연도별 최저임금 상승 추세(1지역 기준, 10년 동안 4.4배 상승)

연도별 최저임금 평균 상승률 추이

- 베트남은 아직 노동 집약적 산업에 강점
- 최근 기술 집약적 산업으로 이동 중

출처: 베트남 노동부

지역 구분

구분	해당 지역	최저임금(달러)
1지역	호찌민, 하노이, 하이퐁 도심지	175
2지역	호찌민, 하노이, 하이퐁 외곽 인근 지역 (베트남, 동나이, 껀터)	155
3지역	2지역 내 외곽 지역, 끼엔장, 타인화, 응에안 등	136
4지역	3지역 외 저개발 지역	121

출처: 베트남 노동보훈국

2018년 평균 최저임금 상승률은 6.5%로 지속 감소 중

- 베트남은 사회·경제적 발전 수준에 따라 전국 각지를 네 개 지역 단위로 분류, 지역 단위로 최저임금 차등 적용 중
- 전년 대비 최저임금 인상률: 1지역 6.1%(약 10달러), 2지역 6.3%(약 9달러), 3지역 6.6%(약 8달러), 4지역 7%(약 7달러)
- 직업 훈련을 받은 근로자에게는 지역별 최저임금보다 최소 7% 높은 수준의 임금 지급 규정

역별 최저임금 인상 자체가 큰 영향을 미치는 경우는 별로 없다. 최근 5년간 지역별 최저임금과 인상률을 살펴보면 베트남이 여전히 다른 나라들보다 경쟁력이 있다는 것을 알 수 있다.

따라서 결과적으로 많은 한국 기업들은 아직도 베트남으로의 진출이 메리트가 있다고 보고 있고, 지금도 진출 러시를 이루고 있다. 장기적으로는 베트남 인접국인 캄보디아 및 라오스, 미얀마 등과의 연계를 같이 검토하면서 진출 준비를 하는 장기 전략형 기업이 많이 증가하고 있다.

직원 고용에 따른 사회보장 보험

외투 법인과 내국 법인은 1개월 이상의 근로 계약이 체결된 근로자에게(외국인 포함) 지급하는 총 임금의 17.5%를 매달 사회 보험료로 납부해야 한다. 근로자는 8%를 부담하게 된다. 예를 들어 근로자에게 한 달에 100만 원을 임금으로 지급하면 17.5%에 해당하는 175,000원을 사회보험료로 납부하고, 근로자의 경우 8%에 해당하는 80,000원이 공제가 된다.

베트남 내의 모든 법인은 외국인을 포함한 모든 근로자의 의료보험료를 납부해야 하며, 총 급여의 4.5% 중 사업자가 3%, 근로자가 1.5%를 부담해야 한다. 예를 들면 한 달 임금이 100만 원일 때 사업주는 3%인 3만 원, 근로자는 1.5%인 1만 5천 원을 납부한다.

실업보험도 있다. 총 임금의 3% 중 정부가 1%, 사업자가 1%, 근로자가 1% 부담한다. 1인 이상 사업장은 의무 가입이며, 외국인은 제외된다. 예를 들어 100만 원을 임금으로 지급한다면 1만 원을 사업자가 부담하면 된다.

결론적으로 사업주가 한 달 동안 부담해야 하는 사회보장 보험은 지급 임금의 21.5%가 된다.

베트남 사회보험법, 기업 부담 증가

베트남 기업 관련 제도도 점차 체계를 갖춰가면서 보험료 체계도 강화되고 있다. 이것은 기업들의 부담 증가로 이어지는 경향이 있어 면밀한 검토와 준비가 필요하다. 현행 베트남 사회보험료 징수 표준은 임금(기본급)＋수당을 기본으로 하고 있다. 그런데 이것이 2018년 1월 1일부터 임금(기본급)＋수당＋기타＋보상금으로 변경되었다. 즉 통신비, 유류비, 자녀 양육비, 통근비 등이 보험료 산정 체계에 포함되는 것이다. 이것은 다른 말로 하면 각종 보조금까지 모두 포함한 금액을 기준으로 사회보험료를 지급해야 하기에 기업 부담이 늘었다고 볼 수 있다. 이는 결과적으로 기업의 경영상 비용 상승으로 이어지게 된다.

이러다 보니, 경영주들은 근로자 복지 차원의 혜택들을 대부분 폐지 또는 축소하는 방향으로 움직이고 있다. 베트남은 풍부한 노동력과 저렴한 인건비가 매력적이어서 외국 기업들의 진출이 봇물을 이루지만 경영 및 인사 관련 비용이 점차 증가하는 방향으로 제도가 변하고 있다. 기업들은 이런 상황을 감안해 베트남 진출을 종합적으로 살펴보는 지혜가 필요하다. 아직까지는 국내 기업들이 더 늦기 전에 더 기회가 사라지기 전에 서둘러 베트남에 진출해야겠다는 방향으로 반응을 보이고 있다.

베트남, 결코 '쉬운 시장'아니다

국내 기업들의 베트남 진출이 봇물을 이루고 있지만 과거 많은 기업들이 베트남에서 실패했다는 사실을 잊어서는 안 된다. '묻지마' 진출을 삼가고 정확한 정보를 파악한 뒤 투자를 하는 것이 중요하다. 예를 들어 대우건설은 베트남 하노이에서 총 공사비 2조 4천 억 원 규모의 신도시를 짓고 있다. GS건설도 호찌민시에서 대규모 주택 사업을 하고 있고 인근에 대형 신도시 개발도 추진 중이다. 대림산업과 포스코건설, 현대건설도 베트남에 진출해 경전철 역사와 구조물 등을 만들고 있다. 베트남에 나간 우리 건설사들은 2017년에만 2조 5천억 원의 매출을 올렸다. 사우디, 쿠웨

이트, 싱가포르에 이어 네 번째로 많은 건설 수출액이다. 하지만 이런 성과는 그냥 얻어진 것은 아니다. 대우건설과 GS건설은 10년 이상 베트남에서 인고의 시간을 보내며 현장 체력을 강화했다. 장기간의 사업 위기를 극복하고 지금의 성공을 이뤄가고 있는 것이다. 섣불리 장밋빛 미래만 보고 베트남 시장을 쉽게 봤다가는 큰 손해를 볼 수가 있다. 과거 '묻지 마' 투자로 국내 대기업과 공기업도 실패한 시장이 베트남이라는 점을 꼭 기억해야 한다.

성공 확률을 높이기 위해서는 베트남 현지 정보를 정확히 파악하고 앞선 성공 사례들을 잘 벤치마킹해야 한다. 또한 현지 문화와 현지인들의 생활 습관을 잘 이해하고 접근해야 한다. 예를 들어 우리나라는 아파트 건설을 할 때 모두 남향 중심으로 디자인을 하지만 베트남에서는 조망권이 좋은 방향을 선호하며 서향이나 남향을 그다지 선호하지 않는다(서향은 복이 나간다고 믿고 있다). 그런데 한 건설사의 경우 한국식으로 아파트를 설계하고 분양에 나서 어려움을 겪기도 했다. 한국에서 통한다고 베트남에서 통하는 것은 아니다. 현지 문화와 습관에 대한 정확한 파악 그리고 베트남 전문가 및 경험 많고 믿을 수 있는 사업 파트너로부터 노하우를 배우는 것이 사업 성공의 중요한 요소라고 볼 수 있다.

CHAPTER
3
—

베트남 사업,
이것이 답이다

01

현지 법인 설립은 필수 조건

베트남에 외국 기업 또는 외국인이 진출하는 방법은 3가지 방법이 있다. 프로젝트오피스, 법인 설립(회사 설립), 대표사무소, 이렇게 3가지 형태로 베트남에 진출할 수 있다. 이 중 프로젝트오피스는 건설 프로젝트 등에 주로 사용되는 방식인데, 해당 프로젝트가 끝나면 청산이 되는 형태를 말한다. 그런데 대부분 많은 한국 기업들은 장기적으로 베트남에서 활동을 하기 때문에 프로젝트오피스보다는 대표사무소와 법인 설립의 방법으로 베트남에 진출을 하고 있다.

이 중 대표사무소는 연락사무소 개념으로 본사 사업 홍보, 시장 조사 등의 법률에 허용된 업무만이 가능해 자체적인 영리 활동은 할 수 없다. 한마디로 대표사무소에서는 돈을 받고 세금계산서를 발급하는 등의 직접 돈을 버는 일을 할 수가 없다. 예를 들어 공공기관이나 경제 단체들이 이런 형태로 베트남에 진출해 있는데, 이들은 다른 기업이나 회원사들을 돕는 역할을 할 뿐 자체적인 수익 활동은 하지 않는다. 그래서 이들은 대표사무소 형태로 베트남에 진출해 있다. 그런데 베트남에 진출하는 많은 기업과 투자자들은 돈을 버는 수익 활동을 원하기 때문에 대부분 현지 법인 설립의 형태로 베트남에 진출하고 있다. 이 밖에 지점 설립으로 진출하는 경우도 있긴 하지만 이 방법은 회사 설립이 제한된 은행 등 몇몇 업종을 중심으로 적은 비율로 사용되고 있다. 그러나 법인 설립에 비해 특별한 이점이 없고 제한이 많아서 법인 설립이 제한되는 경우 부득이한 방법으로 사용되고 있는 상황이라고 보면 된다. 결국 베트남에서 돈을 벌고자 한다면 현지 법인을 설립하는 것이 답이다.

조금 더 구체적으로 보면 대표사무소는 법인 설립에 비해 별도 제한이 없고 설립 과정도 비교적 간편하다. 또 설립에 소요되는 기간도 10일 정도밖에 소요되지 않는다. 하지만 시장 조사, 마케팅 등 법률에 규정된 목적으로만 운영이 가능하고 별도로 수익 활동을 할 수 없다는 제한이 있어 베트남에서 영업을 하고자 하는 투자자들에게는 적합하지 않다. 다만 현지에 직원을 파견해 관리 및 시장 조사, 바이어 발굴, 연락 업무를 하고자 하는 기관 및 단체들이 선호하는 형태다.

이에 비해 법인 설립은 베트남 정부로부터 투자 허가를 받아 직접 현지 법인을 설립하는 형태이기 때문에 투자 허가의 범위 내에서 자유로이 수익 활동을 영위할 수 있다. 다만 대표사무소에 비해 투자 허가를 승인받아야 하는 절차가 있어 설립이 까다롭고 시간도 더 오래 걸린다는 단점이 있다.

법인 설립은 베트남에 새로운 자회사를 설립하는 것이다. 즉 해외에 별도의 자회사를 설립하는 절차이므로 자본금을 납입해야 하고, 한국에서 해외 투자 신고 절차도 진행해야 한다. 법인은 대표사무소와 달리 회사를 설립하는 것으로 영업을 목적으로 한다.

현지 법인 설립 시 가장 유의해야 하는 점은 외국인으로서 베트남에 투자를 하기 위해 하는 활동이기 때문에 각종 규제와 제약 사항 등을 꼼꼼히 챙겨봐야 한다. 즉 베트남에서 하고자 하는 활동이 외국인에게 허용된 범위인지를 확인해야 한다. 예를 들어 대부분 제조업의 경우 외국인에게 100% 투자가 허용된 업종에 해당하므로 법률의 규정에 따라 투자를 진행할 수 있다. 그러나 유통업, 물류업 등과 같은 서비스 법인의 경우 취급하는 상품에 따라 제약이 있을 수 있다. 그 외 다양한 종류의 서비스업들은 개별적으로 베트남과 한국이 맺은 WTO나 한·베 FTA 조약 및 베트남 법률에 따라 허용 여부를 확인하고 결정해야 한다.

일반적으로 허용된 경우가 아니면 반드시 베트남인과의 합작법인 형태로 진출해야 하는 제한이 있을 수 있다. 또는 외국인의 해당 사업 진출이 아직 개방되지 않은 부분이 있어 투자 허가가 발급되지 않는 경우가 있으므로 반드시 사전에 확인하고 진출을 고려해야 한다.

따라서 베트남에서의 사업을 고려하고 있다면 해당 사업이 베트남에서 외국인이 영위 가능한 사업인지 먼저 검토를 하고 진행해야 한다. 투자 계획도 다 세워놓고 투자 자금도 마련을 다 해놨는데 정작 투자 인허가 절차 과정에서 베트남 정부의 승인을 받지 못해 다시 원점으로 돌아가야 할 수도 있으니 사전 점검이 중요하다.

법인 설립 시 유의 사항

베트남에서 외국인이 법인을 설립하기 위해서는 크게 세 가지 단계를 거쳐야 한다. 우선 베트남에 법인 설립을 결정했다면 가장 먼저 위치를 확정해야 한다. 사무실이면 건물 위치, 공장이면 토지나 공장 등의 주소를 확인해야 한다. 그리고 해당 위치의 투자등록증(Investment Registration Certificate, IRC)을 발급받고, 기업등록증(Enterprise Registration Certificate, ERC)을 발급받아야 한다. 이렇게 투자등록증을 발급받고, 투자등록증을 바탕으로 기업등록증을 발급받은 뒤 법인 인감 등록 및 법인 설립 공고를 거치면 된다.

법인의 위치를 확정하려고 하는 때부터 법률 이슈가 발생한다. 사무실이나 공장의 경우 건물주와, 공단 토지의 경우 공단 사업자와 부동산 계약을 체결하는데, 이때 임대인 또는 공단 사업자가 권리가 있는지 꼭 확인해야 한다. 한국에서는 너무나 당연한 것인데, 임대를 하려면 당연히 임대업자여야 할 것이고 건물이나 공장, 토지를 임대하는 것이므로 땅문서나 집문서가 있어야 하겠지만 베트남에는 이런 권리를 적절하게 갖추지 못한 임대인이 너무나 많다. 예를 들어 임대업은 기업등록증에 부동산 임대업이 있어야 하고, 땅문서와 집문서에 해당하는 토지사용권 증서(Land Use Right Certificate, LURC)를 가지고 있어야 한다.

유통업이나 몇몇 조건부 투자업의 경우에는 사업허가증(Business License, 사업자등록증)이라고 하는 서브라이선스를 발급받아야 한다. 이는 호찌민시와 하노이시 기준이며 각 성에 따라 세부적인 절차의 차이가 있으므로 법인 설립 전에 법률 자문을 받을 것을 권장한다. 또한 베트남의 경우 공산사회주의 국가이므로 법제도가 한국과 많이 다르다. 특히 부동산의 경우 한국과 달리 부동산의 영구 소유권이 인정되지 않고 토지 사용권이라고 하는 제한된 기간 동안의 사용권만 인정된다. 이러한 법 제도 특성에 따라 전혀 예상하지 못한 문제가 발생할 수 있으므로 사전에 많은 조사를 하는 것이 필요하다.

예를 들어 제조 법인의 경우 한국에서는 땅을 사서 공장을 짓는 아주 간단한 절차로 투자를 진행할 수 있지만, 베트남의 경우 국가로부터 공단이 토지 사용권을 매입해 조성한 공장 부지를 외국인 투자자가 되사거나 임대를 받아 공장을 지어야 하는데, 이때 공장 건물에 대해 소유권은 인정되지만 토지에 대해서는 토지 사용권 또는 임차권만이 인정된다. 즉 모든 권리를 누리는 한국과 달리 공단과 체결한 토지 사용권 매매 또는 임대차계약 내용에 따라 많은 권리가 제한될 수 있다. 특히 담보로 제공한다거나, 공장(토지)을 제3자에게 판매한다거나 하는 행위에 대해 제한이 발생할 수 있다. 예를 들면 2019년 7월 1일 공단부지 1ha(토지 사용권 50년)를 구입하고 공장을 건설해 운영하다가 2029년쯤 동 공장을 매각하려 하는 경우, 매각 차익을 공단에서 인정하지 않을 수도 있다. 따라서 토지와 같이 큰 금액이 투자되어야 하는 경우 반드시 계약 체결 전에 법률 자문이 필요하다. 이런 여러 가지를 고려했을 때 베트남 진출을 위해서는 전문가들의 현장 실사나 조언이 필수적이다.

베트남 법인 설립 시 특이한 사항은 한국이 주식회사 형태로 설립하는 것과는 달리 외국 투자 법인은 대부분 유한책임회사 형태로 설립된다는 점이다. 베트남 역시 주식회사 제도가 없는 것은 아니고, 설립 절차나 난이도에 크게 차이가 있는 것은 아니다. 하지만 베트남에서 주식회사를 설립하기 위해서는 최소 3인의 투자자가 필요하다. 한국 본사에서 거의 100% 투자를 하는 외국 투자법인의 투자 구조상 주식회사 형태를 취할 수 없기에 부득이 유한책임회사를 통해 설립하고 있다.

유한책임회사도 주식회사와 같이 출자 자본을 한도로 책임진다는 점에서는 동일하다. 하지만 회사 구조적으로는 주식회사와 차이점이 있다. 예를 들어 주식회사는 주주총회가 있고 이사회가 있지만, 유한책임 회사의 경우 사원총회가 있고 대표자가 있는 식으로 의사 결정 기구에 조금 차이가 있다. 또한 유한책임회사의 일반 결의 사항은 65%, 특별 건의 사항은 75%의 지분을 요구하나 주식회사의 경우 한국과 비슷하게 일반 결의 51%, 주주총회에 65%의 지분을 요구하고 있다. 이러한 점에서 억지로 주주 수를 늘려 주식회사로 설립하는 경우도 있다. 특히 합작 법인을 설립하는 경우 51:49 비율로 지분을 투자하기로 했다면 주식회사 형태로 설립해야만 의사 결정권을 확보할 수 있다. 따라서 실제 투자자가 2인이더라도 우호 지분권자 1인을 추가해 3인의 주주로 설립해야 한다.

그리고 베트남에서 베트남인이 사업하는 것이라면 별 문제가 안 되겠지만 외국인의 경우 더욱 까다로운 심사를 받는데, 토지사용권 매입 계약이나 임대계약을 다 체결해놓고 보증금도 지급을 했더라도 정작 매도자나 임대인이 문제가 생기면 투자 승인이 이뤄지지 않는 경우가 있다. 베트남은 한국처럼 등기소에서 권리의무를 손쉽게 확인할 수 있는 그런 구조가 아니다. 따라서 모두 매도자나 임대인에게 직접 요구하고 서류를 확인해야 한다. 그런데 서류가 베트남어이기 때문에 사실 부동산중개소 쪽에서는 적절한 확인을 해주기도 어렵다. 따라서 매 절차마다 꼼꼼히 따지고 확인하는 작업이 꼭 필요하다.

그다음에 중요한 사항은 베트남 법인 설립 전에 이미 법인 위치에 대한 확정이 들어가고 그 위치에 법인이 설립되므로 이 가계약이 실제로 매우 중요하다. 주소지만 정하는 가계약이라고 생각해서 간단하게 생각할 수 있겠지만, 베트남은 표준계약서 같은 것이 전혀 없기 때문에 나중에 투자 승인을 다 받고 정식 계약을 체결하려고 할 때 사전에 협의한 것과 전혀 다른 내용의 계약서를 받을 수도 있다. 계약 내용을 새로 다시 협의하는 상황이 될 수 있는데, 문제는 이때 이미 투자 승인을 모두 받은 입장에서는 매우 불리한 위치에서 협상을 시작할 수밖에 없다. 따라서 가계약 체결 시부터 전문가의 조언을 받아 매매나 임대 조건을 정확히 확인하고 계약서를 검토해야 효율적인 법인 설립을 할 수 있고 시간 낭비도 방지할 수 있다.

최근 K-VINA비즈센터에는 제조업 법인 설립 의뢰뿐만 아니라 다양한 업종의 투자 문의가 들어오고 있다. 신규 투자 진출 기업의 경우에는 요식업, 프랜차이즈, 디자인 IT 등 베트남에 투자를 하고 싶은데 이러한 사업이 가능한지, 어떻게 진출해야 하는지 등에 대한 문의가 많다. 특히 소프트웨어 개발이나 테스트 등 IT 분야의 문의가 많이 늘어나고 있다.

현재 이미 베트남에 진출해 있는 기업들의 경우에는 매매 계약, 건설 계약 등을 비롯한 계약서 검토 문의가 많다. 베트남의 해외 차입 신고라든지, 회사의 지분 양수도, 자본금 증자 또는 대표자 변경 방법 등 실무적인 부분과 노무 관리 및 계약 분쟁에 관한 문의도 늘어나고 있다. 사전에 보다 많은 준비를 하고 꼼꼼히 챙긴다면 향후 불필요한 비용과 에너지 낭비를 줄일 수 있을 것이다.

02

알면 돈 되는 세금 정보와 '절세 팁'

베트남 법인세율은 종전에 25%였으나 2016년부터 20%가 적용되고 있고 조만간 15%~17%로 하향될 것으로 보인다. 석유나 천연가스, 광물 개발 사업의 경우 각 사업별로 32%부터 50%까지 다양한 세율이 적용되기도 하는데, 베트남 정부가 외국인 투자 기업에 다양한 조세 혜택을 주고 있어서 투자 분야와 지역에 따라 10% 또는 17%의 낮은 세율이 일정 기간 동안 적용되기도 한다.

베트남의 조세 혜택은 제조업 등 법에서 정한 투자 장려 분야의 기업이나 사회·경제적으로 낙후된 투자 장려 지역에 진출한 기업, 일정 투자 규모를 만족하는 신규 프로젝트에 주어진다. 투자 장려 분야는 교육, 건강, 스포츠·문화, 첨단 기술 사업 등이 해당된다. 조세 혜택은 표준 법인세율보다 낮은 세율을 적용하는 우대 세율과 일정 기간 법인세 전액이 면제되거나 감면되는 세액 감면으로 나뉘어진다. 예를 들어 도시 지역을 제외한 공단 지역에 설립된 제조 업체의 경우 과세 소득 발생 연도부터 2년간 100%, 이후 4년간 법인세의 50%를 감면해주고 있으며, 경제 특구에 설립된 제조 업체의 경우 더 많은 세제 혜택을 주고 있다. 이외에도 제조 건설업이나 운송 사업에서 일정 인원 이상의 여성 직원을 채용하거나 소수 민족을 채용하는 경우에도 조세 감면 혜택이 주어지는 경우가 있다.

슈퍼마켓, 카페나 음식점, 숙박 업소 등은 국내외를 막론하고 개인 자영업을 하는 사람들이 관심이 높은 업종이다. 그런데 베트남 호찌민이나 하노이 현지 상황을 보면, 한국 교민들도 많아지고 베트남 내국인의 구매력도 높아지고 있어 베트남 진출을 꿈꾸는 자영업계 분들은 관심을 가질 수 있는 사업이라고 생각된다. 그런데 외국인은 베트남에서 본인 명의의 개인 사업자로서의 사업은 불가능하기 때문에 법인을 설립해서 사업을 해야 한다. 앞의 업종들은 사실상 외국인 투자 허가를 받기 쉽지 않은 업종이어서 한국인 등 외국인들이 현지인 명의로 사업을 하기도 한다. 이렇게 한국인이 현지인 명의로 자영업을 영위하는 경우에는 고도의 주의를 요하는데, 이것은 뒤에서 설명하기로 한다. 법인으로 운영하는 경우 과세 소득에 법인세 20%가 적용되고, 현지인 명의로 사업을 하는 경우에는 개인소득세율 5%~35%가 적용된다.

기본적으로 법인세 체계는 한국이나 베트남이나 동일하다. 매출에서 비용을 차감한 과세 소득에 정해진 법인세율을 적용해 세금을 납부하는 구조다. 세무상 비용이 많아지면 과세 소득이 줄면서 세금이 줄어든다. 따라서 지출한 비용이 세법상 비용으로 잡힐 수 있도록 하는 것이 중요하다. 여기서 유의할 점은 베트남은 세법상 비용으로 인정받기 위한 적격증빙 요건이 한국과 다르다는 것이다.

우리나라의 경우에는 사업 관련성만 입증되면 세금계산서나 계산서, 신용카드매출전표, 현금영수증 등을 적격 증빙으로 인정하고 있다. 그런데 베트남의 경우 'Hoa Don'이라고 하는 세금계산서만 적격 증빙으로 인정하고 있어서 아무리 적은 소액이어도 꼭 세금계산서를 받아야만 세법상 비용으로 인정받을 수 있다. 예를 들면 식당에서 신용카드로 결제했다 하더라도 별도로 세금계산서를 받아야만 비용 처리가 가능하고, 거래처를 방문하면서 택시비를 낸 경우에도 영수증을 모아 택시 회사에 세금계산서 발행을 요청해야만 법인세법상 비용으로 인정받을 수 있다. 또 2천만 동, 우리나라 돈으로 약 백만 원 이상의 상품이나 용역을 구입하는 경우에는 은행을 통해 계좌 이체한 경우만 비용으로 인정된다.

그리고 베트남 외국인 투자법은 해외 투자자가 법인을 설립하기 전에 필요한 자금을 반드시 베트남 시중 은행에 투자자 명의의 역외 계좌를 개설해서 사용하도록 하고 있다. 역외 계좌를 통하지 않고 한국에서 직접 거래 당사자에게 송금하는 경우가 있는데, 이런 경우 자본금 인정이나 세법상 비용 인정에 있어 문제가 생길 수 있다.

역외 계좌를 이용해 토지 가계약 대금이나 사무실 임차 계약금, 법무법인 수수료 등을 지급하면 법인 설립 이후에 세금계산서를 받아 비용으로 인정받을 수 있다. 다만 역외 계좌 개설이 번거로울 경우 해당 비용을 한국 내 법인 비용으로 처리하는 경우도 있다. 베트남에서 인정되는 다양한 비용 처리 방식을 숙지하고 미리 준비해 잘 실행하다면 상당한 절세 효과를 거둘 수 있다. 반면 우리나라에서 하던 습관대로 무심코 진출을 해서 사업을 하면 큰 낭패를 볼 수 있으니 세심한 주의가 필요하다.

자주 묻는 금융 및 세금 Q&A

베트남 송금 체계는 어떤가?

베트남 내에서의 동화 송금은 제한이 없다. 개인 송금의 경우 송금하는 통화가 무엇인지, 수취인이 개인인지, 법인인지에 따라 허용 여부가 달라진다. 사업이나 개인 투자를 진행한 개인들이 다른 한국인에게 송금하는 경우가 있을 텐데, 송금자와 수취자가 베트남에 1년 미만 거주한 '비거주자'인 경우 달러는 5천 달러까지만 송금이 가능하다.

해외에서 입금되어 달러 통장에 달러로 보유한 잔액, 또는 베트남 현지에서의 급여 등 출처가 확인된 자금에 한해 해외 송금이 가능하다. 베트남 동을 한국 사람이 또 다른 한국 사람에게 송금할 경우에도 자금세탁방지법에 따라 일정 금액 이상 시 증빙이 필요하다. 개인이 법인에 송금하는 경우도 있는데 우리나라 개인이 법인에 달러를 송금을 할 경우에는 특별한 사유가 있어야 가능하다. 베트남 동을 송금할 경우에는 개인과 마찬가지로 자금세탁방지법에 따라 일정 금액 이상 시 증빙을 요한다.

베트남은 한국과는 달리 국내 송금도 중앙은행과 베트콤은행(VIETCOM BANK)의 이체 시스템을 통한 수기 거래 절차를 거치기 때문에 오후 2시 30분 이전 요청은 당일에, 이후 요청은 익일에 처리되는 것이 일반적이다. 세법상 2천만 동 이상의 거래는 은행 송금 처리가 필수다. 베트남 내에서 베트남 동 국내 송금은 제한이 없다. 그런데 미국 달러 국내 송금은 동일인에게 송금 보내는 경우에는 가능하나 타인에게는 보세 구역 내에서 증빙 서류가 있을 때에만 가능하므로 거의 불가능하다고 보면 된다.

개인의 달러 해외 송금의 경우에는 급여 달러 계좌에서 송금은 제한이 없고, 동에서 달러로 환전해 송금할 경우에는 급여 증빙 등 베트남 내 합법적인 소득임을 증빙하는 서류가 필요하다. 기업의 무역 대금 송금의 경우 원칙적으로 사후 송금만 가능하지만 부득이 사전 송금일 경우 수입면장을 사후 보완하겠다는 확인서 제출 후에 가능하다. 기업의 무역 외 대금 송금의 경우 관련 세금 완납 서류와 관련 승인 서류 제출 후 송금이 가능하기 때문에 송금 전에 은행에 문의해 필요 서류 확인이 필요하다.

수익 송금 가이드는?

배당이나 임대소득의 경우 베트남에서 관련 세금 납부를 완료한 후에 얼마든지 송금이 가능하다. 임대업을 영위하기 위해서는 임대 사업자 신고를 완료해서 승인을 받아야 하며 송금 전에 미리 거래 은행에 문의해 필요 서류를 확인받는 것이 가장 좋은 방법이다.

일반 송금을 보내면 VND→USD→KRW의 순서로 환전이 이뤄져서 환율 변동에 따른 환차손이 발생할 수 있기 때문에 한국에서 원화로 수령을 원하는 경우 원동 서비스를 이용하면 VND→KRW로 송금이 이뤄져 베트남에서 송금을 보내는 시점에 원화 금액을 확정할수 있고 2번의 환전에서 1번의 환전을 통해 환차손을 줄일 수 있다.

기업 대출은 어떻게 받나?

한국에서의 절차와 동일하다고 보면 된다. 신용도 평가와 사업성 평가 등 현지 기업의 기본 재무적인 측면과 비재무적인 측면을 종합 평가해 대출 가능 여부를 판단하게 된다. 현지 대출의 장점은 현지 기업의 자산을 우선 활용하므로 모기업의 재무 부담이 완화되고, 현지 금융 이용 시 금융 비용으로 법인세 절감 효과가 있다는 것이다. 상대적으로 투자 자금 회수가 용이하다는 것도 장점이다.

운전자금 대출의 경우 한국은 만기에 기한 연장이 가능하나 베트남은 만기에 상환 후 재실행이 가능하다. 기존 차입금 상환이나 대출 상환 용도의 대출은 불가능하지만 시설 자금 대출의 경우 타행의 협조를 받아 계약 후에 대환이 가능하다. 달러 대출은 수출 기업 등 실수요 업체만 가능하고 처리 기간이 한국보다 장기이기 때문에 필요 시점을 감안해 충분한 준비 시간이 필요하다.

베트남 동화 환율, 불안하지 않나?

베트남은 '바스켓(Basket) 환율 제도'를 운용하고 있다. 바스켓 통화는 미국, 중국, EU, 일본, 대만, 한국, 태국, 싱가포르의 화폐다. 중앙은행 고시 환율 기준으로 일일 변동폭 3%로 제한하고 있다. 베트남의 동화 가치는 안정세를 보일 것으로 예상한다. 미국과 유럽 등 주요국의 통화 정책 정상화 움직임과 이에 대한 우려가 동화 가치의 절하 압력으로 작용할 수 있지만 꾸준한 FDI 자금 유입, 교역 증가로 인한 경상수지 흑자 지속, 해외로부터의 지속적인 송금 등이 환율 안정성을 유지해줄 것으로 보인다.

기업이 이용할 수 있는 현지 계좌는 어떤 게 있나?

베트남에 진출한 한국 기업이 이용할 수 있는 계좌는 특수 목적용인 자본금 계좌와 일반 계좌로 나눌 수 있고 일반 계좌는 보통예금과 정기성 예금으로 다시 나뉘어진다. 자본금 계좌는 외부 법인의 자본금 수취와 단기·중장기 해외 차입금 수취 용도로 사용되는데, 외투 법인의 필수 계좌로 회사당 1개 계좌만 운용이 가능하다. 자본금이나 차입금 입금 시 관련 절차 이행 후 보통예금 계좌로 이체하고 자유롭게 사용할 수 있다. 외투 법인 청산이나 차입금 상환 시 자본금 계좌를 이용한다. 그리고 외화 예금에 대해서는 이자율이 0%다.

베트남 은행 계좌 개설은 어떻게 하나?

은행 정하기→서류 준비하기(개인의 경우 은행 계좌 개설에 필요한 서류는 여권과 비자 또는 거주증)→개설 절차에 따라 계좌 개설하기(은행 방문을 통해 통장 개설 신청 후 당일 계좌 개설 및 직불카드를 발급). 은행 계좌 개설은 이 순서로 진행하면 된다.

보통 은행에 영어를 할 수 있는 직원이 한 명 정도는 있다. 어느 정도 영어가 가능하다면 굳이 통역사는 필요 없다. 하지만 정확한 의사소통을 위해 통역사나 지인과 함께 가는 것이 바람직하다. 한국인들은 대개 한인이 많이 거주하는 지역의 은행에 가는 방법이 있다(예를 들어 호찌민시의 경우 7군 푸미홍, 1군, 2군 지역). 한국어나 영어가 가능한 직원이 있을 가능성이 높기 때문이다. 또는 시내 한국계 은행 지점 큰 곳을 가면 한국 직원 또는 한국어를 하는 현지인 직원이 있는 경우가 많다. 그러면 보다 손쉽게 현지 은행 계좌를 만들 수 있다.

현지 창업 또는 취업으로 베트남에 거주 시 다른 세금 적용을 받나?

그렇다. 베트남 거주자는 베트남에서 발생한 소득과 베트남 국외 원천 소득을 합산해, 즉 전 세계 소득을 모두 합산해 베트남에 신고해야 한다. 예를 들어 한국인이 베트남 거주자인 경우 베트남에서 발생된 소득과 한국에서 발생된 소득이 있다면 이를 합산해 베트남에 신고해야 하고 합산된 소득 구간에 따라 세금을 납부해야 한다.

물론 이 경우 한국에서 납부한 세금은 차감해준다. 비거주자인 경우, 즉 한국 거주자인 경우에는 베트남 원천 소득에 대해서만 단일 세율이 적용된다. 현재 베트남 거주자 소득은 소득 구간에 따라 5~35%의 세율이 적용되고 있고, 비거주자의 경우에는 소득 구간에 상관없이 20% 단일 세율로 원천 징수된다.

베트남에서 법률상 거주자와 비거주자 구분은 어떻게 되나?

세법상 거주자 개념은 국적과는 아무 관계가 없다. 국적과 관계없이 베트남 내에 1년 또는 입국일로부터 12개월 기간 중 183일 이상을 베트남에서 거주하고 있거나 183일 이상 임대차계약을 하고 있는 자를 베트남 거주자로 보고 있다. 당연히 비거주자는 거주자가 아닌 개인을 의미한다.

베트남 개인소득에서 과세가 되는 소득에는 어떤 것들이 있나?

베트남 개인소득세법상 과세 소득은 크게 근로소득과 사업소득, 이자 및 배당, 증권 및 부동산 양도소득, 또 한국과 달리 상속 및 증여소득을 소득세법에서 규정하고 있다. 외국인은 베트남 현지 법인의 파견 근로자의 경우가 대부분인데, 현지 법인으로부터 받는 급여 소득은 5~35%, 근로소득 외 분리 과세 대상 소득은 소득별로 다양한 세율이 적용된다. 주식 양도는 매매가액의 0.1%, 부동산 양도소득은 양도가액의 2% 등이 적용된다.

비과세 개인소득에 포함되는 것은 어떤 것들이 있나?

비과세 소득은 크게 외국인 근로소득자에게 적용되는 비과세 항목과 일반적인 비과세 항목으로 나눌 수 있다. 외국인의 경우 1회에 한해 해외 이주 수당과 연 1회 모국 방문 항공 요금, 회사가 지원하는 외국인 근로자 자녀 학비에 대해서는 과세를 하지 않는다. 여기에 회사가 지급하는 사택 임차료는 일부 비과세 대상이다. 일반적으로 비과세가 되는 항목으로는 은행 등 금융 기관에 예치한 예금 이자와 시간 외 근무 수당 중 할증 수당, 연간 1억 동 미만의 사업소득, 보험금 수령액, 1세대 1주택 양도소득, 배우자나 직계 존비속 간 상속 등이 있다.

03

베트남 사업 성공 전략

수평적 조직 문화를 이해하라

우리나라와 베트남은 1992년 12월 외교 관계를 수립한 뒤 올해 한·베트남 수교 27주년을 맞는다. 우리 기업들은 초기부터 적극적인 진출로 베트남 시장 선점 효과를 누리고 있다.

하지만 진출 초기에는 섬유 및 봉제, 의류, 신발 등 노동 집약적 투자 진출에 집중하다 보니 기업 문화의 차이 등으로 노사 분규가 빈발하는 등 투자 마찰 요인이 많았다. 그러나 다행히 그 후 한류 등에 힘입어 양국 간 상호 교류와 이해가 넓어지면서 우리 기업에 대한 인식과 한국 상품에 대한 인지도가 크게 개선되면서 양국은 중요한 경제 파트너로서 상호 교류를 증진시키고 있다.

그런데 유의할 점은 베트남은 사회주의 체제 하에서 평등 의식이 높아 고용 및 조직 문화에서 상당히 수평적이라는 것이다. 무리하게 성과급제를 도입해 임금 차이가 심할 경우 오히려 역효과가 날 수 있다. 예를 들어 한국인 전용 식당 또는 간부 식당을 별도로 직장 내에서 운영을 하는 경우가 있는데, 이렇게 되면 차별적인 요소가 되면서 노사 갈등을 심화시키는 요인으로 작용할 수도 있다. 베트남 내 근로자들의 전반적인 의식은 인간적 관계를 중시하고 격의가 없는 것이 특징이다.

즉 위계 질서에 의한 강압적 분위기 조성은 부정적이라고 할 수 있다. 이 때문에 직원 간의 인간적 관계를 중시해야 하고 관리자와 근로자와의 사이에 소통이 중요하다. 무엇보다도 베트남 근로자의 소속감, 애사심이 생각보다 낮은 편이므로 한국인 관리자들과의 인간적 유대감을 형성하는 것이 좋고, 교육 훈련 및 연수를 통해 근로자들의 성취 동기 및 소속감을 높이는 것이 바람직하다.

다른 한편 베트남은 프랑스 식민지 시대의 영향과 사회주의 체제 특성 때문에 업무 규정을 명확히 해서 체계적으로 업무나 지시가 규정화되어야 한다. 그래야 베트남 관리자나 근로자들이 이를 잘 준수하는 경향이 있다. 근로계약서에 이를 자세히 명기하고, 근로계약 위반 사항이나 지시 불이행의 경우 문서로 남기고 본인의 서명을 받아두는 것도 좋은 방법이다. 그래야 향후 계속적으로 근무 태도가 좋지 않은 현지 종업원을 합법적으로 문제없이 해고할 수 있다.

현지화하고 사회 공헌 활동을 하라

베트남은 역사적으로 수많은 외세의 침략에 맞서 싸워왔기 때문에 일반적으로 자존심이 강하다. 또한 유교 문화 영향을 받아 체면과 인간관계를 중시한다. 공개적인 자리나 다른 동료들 앞에서 잘못을 인정하지 않고 폭언이나 폭행에 대해 심한 모욕감을 느끼기 때문에 주의해야 한다.

특히 외국인 투자 기업의 경우 사소한 언쟁이나 문화적 차이뿐만 아니라 의사 소통상의 문제, 외국인에 대한 배타적 감정 등에 대처하기 위해 현지화를 통해 인사 관리나 노무 관리를 현지인 중간 관리자가 담당하도록 하는 것이 바람직하다. 사내 의사소통을 원활히 하기 위해서는 베트남 근로자와 한국 관리자들을 직접적으로 연결할 수 있는 대화 채널을 구축하고 근로자의 고충과 애로 사항을 바로바로 해소해 집단 분쟁이나 노사 분규로 확대되는 것을 막아야 한다.

베트남은 단순 노동력은 풍부하나 숙련 노동 및 유능한 인적 자원이 부족하므로 체계적으로 조직 관리를 하는 것이 중요하다. 또한 여성의 사회적 참여 비율이 높아 여성에 대한 존중 부분도 유념해야 할 사항이다. 베트남은 아직까지 세부 법령이 불확실하고 명확하지 않아 외국인 투자 기업 경영을 위해서는 기존 관례와 유관 기관 실무자의 견해와 의견이 중요하다. 때문에 지방정부, 공안, 지역노동연맹, 당위원장, 세무서장 등의 영향력이 크므로 이들과의 협조적인 관계 유지가 필수적이다.

베트남에 진출한 한국 기업들은 대다수가 노동 집약적 업종에 종사하고 있다. 따라서 진출 초기 단계부터 노무 관리가 매우 중요하다. 숙련 노동과 관리 인력이 부족하기 때문에 진출 초기에는 당분간 인적 자본이 충분히 확보될 때까지 시간과 노력을 투자해야 한다.

구체적으로 베트남 근로자에 대한 한국인의 관리자 태도 및 인성에 관한 교육을 강화하고 사전에 기존 외국인 투자 진출 기업의 인력 관리 기법이나 대응 방법을 충분히 검토해야 한다. 베트남의 노동 관습과 문화를 고려한 노무 관리 시스템을 구축하고 베트남의 국민성을 고려한 현지화 전략을 수립해 베트남 사회·경제 개발에 기여할 수 있는 기업의 사회적 책임과 가치를 공유해나가야 한다.

최근 노동 인권, 환경 등이 중시되면서 단순히 기업 내 복지 증진 개선에서 벗어나 지역 사회 발전에 대한 기여와 사회 공헌 활동이 중시되고 있다. 기업의 사회적 책임과 공헌 활동을 통해 장학금, 수해 지원금 기부, 장애인 고용 등을 확대하고, 지역 사회 발전에 실질적으로 기여할 수 있는 방안을 다각도로 모색해나가야 한다. 현지 인재 육성, 지역 사회 의료 시설 지원, 환경보호 등 기업 가치의 공유와 전략적 사회 공헌 활동(CSR)을 통한 사회적 기여를 확대하고 기업의 이윤을 지역 사회에 환원하는 데 보다 적극적인 노력을 기울이는 것이 좋다. 이러한 활동들은 외국인 투자 기업의 현지화를 완성하게 해줌으로써 결국 해당 기업에 더욱더 큰 성공을 가져다줄 것이다.

검토는 '신중히', 실행은 '신속히'

베트남은 투자 기회는 좋으나 아직까지는 국가 위험이 높은 편이다. 따라서 업종별로 진출 시 위험 요소가 감소할 때 진입하는 것이 유리하다. 그리고 초기에는 소액 투자로 시작해 점차 투자 규모를 확대해가는 방법이 좋다.

특히 일본, 미국, 싱가포르 등의 대형 유통 업체들은 베트남 시장에 적극 진출해 현재 소매 분야에서 자본 능력과 높은 브랜드 인지도, 대규모 현지 파트너와의 긴밀한 협력 관계 등의 장점을 활용해 경쟁 기업의 진입을 어렵게 하고 있다. 이런 점들을 고려해 체계적인 시장 진출 전략을 수립한 후 신중하게 진출해야 한다.

또한 베트남 시장은 한국·베트남 FTA 체결과 양국 간 경제 협력 강화, 한류 열풍에 따른 한국 기업의 이미지 제고 등으로 진출 여건이 유리한 상황이므로 사전 투자 타당성 검토는 신중하게 하되 일단 투자 및 진출을 결정한 후에는 시장 선점 타이밍을 놓치지 않도록 과감하고 신속하게 실행할 필요가 있다.

현지 기업 인수합병 시 주의 사항

베트남은 최근 국영 기업 민영화를 통해 경제 성장을 꾀하고 있는데, 2020년까지 국가 전략 산업을 제외한 기업을 민영화하겠다는 것이 베트남 정부의 방침이다. 이에 한국 기업은 물론 전 세계 투자자들이 많은 관심을 가지고 있다.

베트남 정부에서 계획한 대로 되려면 민간 자본 시장을 키워야 하는데 예상보다 더디게 진행되고 있다. 그 이유는 국영 기업을 기업공개(IPO)를 통해 상장했는데 기업 회계 내용이 상장 전에 공표했던 것과 상장 후 실사했을 때 많은 차이를 보이고 있기 때문이다. 이처럼 아직도 회계 절차가 투명하지 않기 때문에 한국 기업이 어떤 기업을 인수합병(M&A)할 때는 외부 감사 기관 자료 외에도 해당 기업의 내부 회계를 보다 철저하게 검토해보고, 회계 보고서상의 숫자 하나하나까지 정확하게 따져본 뒤 인수합병을 하는 것이 좋다.

04

영화를 보면 베트남이 보인다

베트남 투자를 검토하는 투자자들에게 베트남 영화를 강추한다. 재미는 기본이고 각 영화 속에서 베트남의 숨겨진 모습을 발견할 때 느끼는 수확의 기쁨이 크다. 베트남 영화 속에 베트남의 과거, 현재, 미래가 있고 베트남을 이해할 수 있는 스토리와 진실이 담겨 있다. 게다가 그곳에는 베트남 사업·투자 성공의 비밀도 숨어 있다.

영화 속의 지난 100년을 보면서 앞으로 올 100년을 내다보는 지혜와 혜안을 갖게 될 것이다. 마치 갯벌 진흙 조개 속에 숨겨진 진주를 발견하는 느낌을 가질 수 있다.

영화 〈아웃 오브 아프리카〉를 보고 서부 아프리카 가봉, 카메룬에 상사 주재원 파견을 자원했던 필자로서는 1992년 6월 베트남에 첫발을 디디면서 끝없는 호기심이 발동했고 당연한 수순으로 베트남 영화와 사랑에 빠지게 되었다. 그때 본 영화 중 〈굿모닝 베트남〉, 〈연인〉, 〈인도차이나〉, 〈그린 파파야 향기〉, 〈씨클로〉가 가장 기억에 남는다.

〈굿모닝 베트남〉은 베트남이 미국과 전쟁 중이던 1965년을 배경으로 한 영화로, 사이공 공군 라디오 DJ인 주인공이 상관의 지시를 무시하고 그만의 스타일로 방송을 진행하면서 이야기가 펼쳐진다. 1960년대 베트남의 모습을 감상할 수 있다.

〈연인〉은 1929년 프랑스 식민지 하의 베트남을 배경으로 한 로맨스 영화다. 1920년대 프랑스인들의 중국인에 대한 시각을 잘 엿볼 수 있고, 프랑스 식민지 시절 사이공(현재 호찌민시)의 시내 풍경과 학교, 메콩 강 일대의 옛 모습을 탐험할 수 있는 재미가 쏠쏠하다.

〈인도차이나〉는 1930년대 프랑스 식민지 하의 베트남을 배경으로 한 영화로, 1930년대 프랑스 식민지 시절 베트남 사람들이 당했던 고통의 역사를 재확인할 수 있고, 베트남 독립영웅 호찌민 주석이 왜 그토록 베트남의 독립과 자유 그리고 행복을 갈망했는지 알 수 있다. 전쟁과 식민지화가 만들어낸 베트남인들의 마음을 이해할 수 있는 영화다. 보너스로, 지금도 존재하는 호텔 콘티넨탈 사이공 등 오래된 건축물들을 발견하는 뜻밖의 횡재를 얻을 수 있다.

〈그린 파파야 향기〉는 1951년 베트남의 사이공을 배경으로 한

영화로, 딸을 잃은 부잣집 종으로 들어간 어린 무이의 이야기와, 첫사랑 남자의 집에 하녀로 들어가 한 여인으로서의 삶을 살게 되는 어른 무이의 이야기를 담고 있다. 베트남 사람들과 사교를 할 때 참고가 될 수 있는 영화다.

끝으로 〈씨클로〉는 근대 생활 환경을 배경으로 한 영화로서 사고로 죽은 아버지의 뒤를 이어 씨클로(Cyclo)를 운전하는 18세의 '씨클로 보이' 이야기다. 이 영화는 베트남 사람들의 어두운 부분을 적나라하게 보여주고 있다는 점에서 외국인이 베트남에 투자·진출하거나 대인 관계를 맺을 때 참고할 만한 요소를 제공해 준다.

베트남 진출 그리고 투자에서 정말 성공하고 싶은가? 가장 손쉬운 방법은 베트남 영화를 보는 것이다. 베트남 영화를 보면 베트남이 보인다.

<u>TIPS</u> 여기서 잠깐!

베트남 의사 결정은 만장일치제

의사 결정 시스템이 다수결로 가지 않는다. 거의 모든 사람이 동의하는 만장일치로 의사 결정이 된다. 그래서 의사 결정이 느릴 수밖에 없다. 사업을 진행할 때 우리가 어떤 것을 문의하면 결정을 해서 오는 시간이 상당히 더디다. 내부에서 만장일치의 과정을 거치느라 시간이 오래 걸리는 것이다. 특히 정부 및 공공 기관과의 관계에서는 이런 점을 유념해야 한다.

CHAPTER

4

—

베트남 부동산 투자,
이것이 답이다

01

부동산 투자 유망 지역은 어디일까

부동산 투자에는 여러 가지 변수가 있고, 선택과 결과는 투자자의 몫이라 여기서 언급하는 유망 지역 및 상품들은 필자의 사적 견해임을 강조해둔다. '대박'을 터뜨릴 수 있는 베트남 투자 지역을 추천한다면 남부 지역에서는 호찌민 시내 중심 상업 지구 및 호찌민시의 도시 개발 계획 확장 주동선축 안에 들어가 있는 호찌민 1군과 빈탄군, 3군, 4군 경계 지역 그리고 2군 투티엠과 배후 지역, 9군, 7군, 동나이 롱탄, 년짝, 비엔화, 빈증, 붕따우, 호짬, 달랏, 판티엣, 므이네, 냐짱 등이다. 즉 이들 지역의 주택과 토지가 유망하다.

북부 지역에서는 하노이 시내 중심 상업 지구 및 호안끼엠 호수 주변 상권을 중심으로 미딩송다 지역과 서호 방향 경계 안쪽 지역, 홍강 주변 지역, 하노이 중심에서 남서쪽 하동 방향과 서남 방향으로 하노이 도시 개발 계획 확장 주동선축 안에 들어가 있는 지역과 박닌, 타이윙, 하이퐁 지역 등이다. 역시 이들 지역의 주택과 토지가 유망하다. 중부 지방과 기타 지역으로는 푸꾸옥, 다낭, 퀴논, 컨터 지역이 유망하다.

우리나라 기업들의 하노이 개발 사업 진출의 대표적인 성공 사례를 꼽는다면 1990년대 대우에서 시행·개발한 대우하노이호텔이 있고, 최근에는 대우건설이 서호(Ho Tay, 호떠이) 외교단지 지역 약 60만 평(200ha)에 시행하고 있는 하노이 스타레이크 신도시가 있는데 1차 분양에 성공한 것으로 알려져 있다.

하노이 남쪽(하동) 지역에서는 현대건설이 힐스테이트 분양에 성공했다. 롯데의 롯데타워(롯데호텔, 롯데백화점), 경남기업의 랜드마크72, 참빛 그룹의 참빛타워(그랜드플라자호텔), 포스코건설의 하노이 앙카잉 지역의 스플랜도라 신도시, 부영의 하동 모라오 신도시 지역 아파트단지 등이 있다.

포스코건설은 2010년대부터 하노이 서쪽으로 약 25km 떨어진 앙카잉 지역에 264ha(약 80만 평) 부지에 시행 중인 주거, 상업, 기타 지구 자립형 신도시 스플랜도라가 있는데, 테라스하우스와 빌라는 분양에 성공했다고 하며 아파트 분양에는 다소 어려움이 있었던 것으로 알려져 있다.

이러한 성공과 어려움의 원인을 단순화하기는 어렵지만 우선 하노이 중심 상업 지구에서 도시 개발 확장 동선축 안에서 시행

개발을 하거나 투자하면 성공 확률이 매우 높고, 이 구간을 벗어
난 입지에 시행할 경우 실패 확률이 높아지는 것으로 판단된다.

02

소액 투자로 잭팟 터뜨리기

베트남 아파트 등급 구분

베트남 신규 분양 아파트는 2019년 현재 행정 수도 하노이 도심권 기준으로 보통 30평의 경우 약 1억 원 후반에서 2억 원대 가격을 형성하고 있다. 호찌민의 경우는 약 2억 원에서 4억 원대 가격을 보이고 있다. 베트남 전체적으로 보자면, 외국인이 구입 가능한 아파트 분양 가격대별 등급은 대개 다음과 같이 구분하고 있다. (적용 환율: 1달러=1,150원)

① 최고급 아파트: 제곱미터당 3,500달러(평당 11,600달러) 이상

　　예) 50평형 아파트 가격: 579,000달러(667,000,000원)

② 고급 아파트: 제곱미터당 1,500~3,500달러(평당 5,000~11,600달러) 이상

⑩ 30평형 아파트 가격: 148,800~348,000달러(173,000,000원~400,000,000원)

③ 중저가 아파트: 제곱미터당 800~1,500달러(평당 2,700~5,000달러) 이상

⑩ 20평형 아파트 가격: 54,000~100,000달러(62,000,000원~115,000,000원)

④ 공공·사회 주택, 저가 아파트: 제곱미터당 800달러(평당 2,700달러) 이하

⑩ 15평형 아파트 가격: 40,500달러(46,000,000원)

대체로 호찌민시가 하노이시보다 고가 아파트 판매가 잘되는 것으로 보인다. 베트남 부동산중개협회(Realtor Vietnam)에 따르면 1㎡당 1,925달러에서 2,995달러 사이 가격대인 고급 아파트의 경우 2018년 하반기 흡수율(adsorption rate)은 호찌민시 78%, 하노이시 13%로 조사됐다. 흡수율은 공급 대비 수요 능력으로 특정 기간 공급된 부동산이 시장에 얼마나 흡수됐는지를 의미한다.

같은 기간 1㎡당 2,995달러에서 8,558달러 사이 가격대인 초호화 아파트의 경우 흡수율은 호찌민시 100%, 하노이시 2%로 격차가 더 크게 나타났다. 이에 대해 동협회는 투자자들이 호찌민시의 발전 잠재력에 대한 강한 확신을 가지고 있고 거주 외국인 수가 증가할 것으로 기대하기 때문이라고 주장했다.

부동산 컨설팅 회사 세빌스 베트남(Savills Vietnam)에 의하면 베

트남 경제 발전과 높은 저축률 그리고 2015년 이후 아파트의 30%를 외국인이 소유할 수 있도록 함에 따라 고급 아파트 시장이 활기를 띠고 있다고 전했다. 베트남 부동산중개협회에 따르면 2018년 하반기 집계된 베트남 초호화 아파트 수는 1,322가구로, 지난 기간보다 11배가량 늘었다.

베트남인들은 아직까지 아파트보다 단독주택에 대한 선호도가 높은 편이다. 그러나 젊은 세대들을 중심으로 아파트 구매율이 점차 증가하고 있다. 그 가운데는 대출을 끼고 아파트를 분양받는 서민들도 증가하고 있는 추세다. 베트남 현지에서는 조망권이 좋은 아파트를 가장 선호하고 그다음 동향 아파트를 선호하며 서향을 가장 기피한다. 남향을 좋아하지만 우리처럼 그렇게 강조하는 것은 아니다. 더운 지방이기 때문이다. 결국 조망권이 우선인 셈이다. 30평대 면적은 방 3개 구조 그리고 중간 층수를 선호한다. CBRE 베트남에 의하면 지난 몇 년간 부동산 시장에서 가장 인기를 끌며 가장 높은 판매량을 기록한 아파트는 중간 가격대, 즉 중저가~고급 아파트 중 중간층 아파트 가격대인 것으로 분석된다.

고급 아파트에 대한 투자는 가격 부담과 공급 과잉, 준공 후 임대 공실 문제, 가격 상승이 제한적일 것이라는 전망 등의 불안정성이 있기 때문에 투자 시 신중한 접근이 필요한 것으로 판단된다. 반면 고급 아파트군의 건설 입지가 대부분 시내 중심가의 핵심적인 입지에 건축되고 있다는 점 때문에 향후 부동산 가격 수직 상승기, 즉 폭등 장이 도래했을 때는 시세 차익이 가장 클 것이라는 전망도 강하다.

최고급 아파트의 경우 단기간 동안 공급 초과 현상과 시행사들이 신규 분양가를 급격하게 인상해 한동안 가격 조정기에 진입할 수도 있고 국제적인 경제 위기가 올 경우 가장 큰 폭으로 가격이 하락할 수 있는 위험(Risk)이 도사리고 있다는 전망이 있으니 신중한 주의를 요한다.

중저가 아파트 투자는 베트남인의 실질 소득 개선으로 인한 중산층의 확대 및 실수요층 증가에 의해 분양이 매우 잘되고 있는 것으로 분석된다. 특히 중저가 아파트의 공급 확대 속도가 수요에 비해 빠르지 않다는 점과 고급 아파트 대비 가격 부담이 적다는 것 그리고 안정적인 실수요로 인해 꾸준한 가격 상승이 예측되고 있다.

중저가 아파트는 국제적인 경제 위기가 온다고 해도 시공 원가가 있기 때문에 가격 하락 위험이 거의 없거나 미미할 것이라는 전망이 지배적이다. 그 좋은 예로 호찌민 제7군 푸미흥 신도시 지역의 중저가 아파트는 2008년 글로벌 금융 위기 때도 가격이 별로 하락하지 않았고 일부 조정됐다가 다른 지역에 비해 빨리 회복한 사례가 있다. 개발이 거의 완성된 신도시로서 실수요의 힘이 작용한 것으로 분석된다.

공공·사회 주택, 저가 아파트는 서민들의 실수요에 의해 공급과 동시에 분양이 완판되고 있는 상황이다. 가격이 가장 저렴하기 때문에 입지는 시내로부터 멀리 떨어진 외곽이나 위성도시에 위치해 있다. 특히 중저가 주택·아파트 한 채 구입 비용으로 저가 아파트 여러 채를 구입할 수 있다는 점에서 주목해볼 만하다.

베트남 아파트 최종 분양 가격에는 10% 부가세와 2%의 아파트 유지 관리 및 보수비가 포함된다. 베트남 시행사들은 아파트 프로젝트의 경우 한 번에 단지 전체를 분양하는 것이 아니라 일부 동별로 완공 정도에 따라 단계적으로 분양을 실시한다. 따라서 분양되는 만큼 신축을 하기 때문에 상대적으로 신축 자금 조달의 미스 매치라든지 분양이 실패할 확률도 상대적으로 감소된다. 반면 시장 상황이 좋을 경우, 즉 수요가 많을 경우 분양 순서대로 뒤에 분양하는 동은 분양 가격이 상당히 올라갈 확률이 높다는 점은 유념해야 한다.

대개 2개동씩 묶어서 점차적으로 분양을 시작하는데 최초 분양되는 동이 준공 완성도가 가장 낮으므로 가장 저렴한 가격으로 책정된다. 따라서 시행 회사의 신용이 좋고 주택·아파트의 입지가 우수할 경우라고 판단되는 경우라면 가능한 한 분양 초기에 서둘러 구입하는 방법이 상대적으로 낮은 가격 조건으로 투자할 수 있는 매입 전략이 된다.

베트남 부동산·주택 투자 미래 전망

베트남 부동산·주택 시장의 가격 상승은 경제 성장이 계속 뒷받침되어야 한다는 전제에 대체로 이견이 없다. 2019년 현재 베트남의 경제는 향후 5년~10년간 매년 7%대 내외의 지속 성장이 예견되고 있다. FDI도 계속 증가하고 있다. 즉 자본 유입이 계속되고 있는 것이다. 여기에 중국으로 갔던 세계 제조 기업들이 인건비가 상대적으로 저렴하고 노동력이 우수하며, 미·중 무역 전쟁 여파 등 세계보호무역주의 회귀 리스크도 최대한 회피할 수 있는 베트남으로 대거 이전하고 있다.

이러한 사항들을 근거로 해서 대부분의 베트남 부동산 전문가들은 향후 약 5년~10년간은 베트남 부동산 시장이 성장할 것이라고 전망하고 있다. 특히 각종 도시 인프라 시설(교통·쇼핑·교육·병원·근생·기타 시설)이 속속 개발되고 있어 빠른 속도로 개선되는 생활 환경, 공동 주거 서비스 향상 등으로 인해 아파트의 선호도와 가치는 더욱더 높아질 수밖에 없을 것으로 예상된다.

특히 HSBC는 2017년도 기준 약 1,200만 명으로 추산되고 있는 베트남 중산층이 2021년 이후에는 약 3,300만 명 이상으로 증가할 것으로 예측했다. 이 시기와 베트남 국민 1인당 GDP가 약 4,000~5,000달러 구간에 진입하는 시점과 맞물리는 시기에 부동산 및 주택 가격의 대도약기가 오지 않을까 예상된다.

현재 베트남 부동산 시장 상황은 한국의 1인당 GDP가 약 3,000달러였던 1986년 전후의 패턴과 매우 유사한 것으로 분석되며 한국의 1인당 국민소득 및 부동산·주택 가격이 88서울올림픽 직후였던 1989년경부터 1자형으로 동반 급상승한 것과 같은 수직 상승의 폭등장이 예상된다.

따라서 그동안 베트남 부동산 가격이 많이 오른 것도 사실이지만 지금까지는 위험 감수를 많이 해야 했던 투자 시장, 이른바 '하이 리턴 하이 리스크(High Return High Risk)' 투자였다고 볼 수 있다. 그에 따른 대가로 현재 무릎에서 허리 사이쯤에 도달한 것으로 분석된다. 따라서 지금이 바로 베트남 부동산 투자 최적기이며 베트남 부동산 소액 투자로 '잭팟 터뜨리기'가 가능한 좋은 타이밍인 것으로 판단된다.

03

핫한 도시 '투티엠'에 대한 미래 전망

심야에 모터보트로 사이공 강을 건넌 이유

필자가 호찌민에서 상사 주재원으로 근무하던 1990년대 중반쯤 어느 날 갑자기 한국 본사에서 회장님이 지사를 방문한다는 연락이 왔다. 여느 기업 지사와 마찬가지로 비상이 걸렸고 직원들과 함께 보고서를 작성하느라 밤 12시가 다 돼서야 일이 끝났다.

그런데 한 가지 문제가 생겼다. 베트남인 직원 중 한 여직원의 집이 호찌민 제2군 투티엠이라는 것이었다. 지금은 제1군 사이공 강변에서 투티엠으로 넘어가는 터널이 몇 년 전 개통되어 자동차로 불과 몇 분이면 건너갈 수 있지만, 그 당시에는 터널도 다리도 없었기 때문에 배를 타야만 건너갈 수 있는 실정이었다. 사이공 강 건너편에 바라다보이는 투티엠 지역은 베트남의 전형적인 시골 모습을 간직하고 있는 대부분 미개발 나대지였다.

다른 길로 돌아가는 방법은 안푸라는 지역의 제1투티엠 다리를 건너 타오디엔을 통과해 투티엠으로 가는 길이 있긴 했지만, 한 시간 이상 걸리는 데다가 심야에 20대 여직원을 혼자 오토바이를 타고 귀가하게 하기에는 위험해 보였다. 결국 그 여직원을 데리고 사이공 강변으로 향했고 2~3인승 모터보트를 겨우 빌려 사이공 강을 건너 투티엠 집까지 데려다줬다.

여직원을 집까지 데려다주고 혼자 되돌아오는 투티엠 사이공 강변 길은 칠흑같이 어두웠다. 게다가 새벽 1시가 넘은 심야에 외국인 신분으로 혼자임을 깨달은 순간 강도와 테러에 대한 공포가 살짝 느껴졌지만 그 당시 그곳 강변에 줄지어 서있던 대우, 삼성, 현대, LG, 포스코, 효성 등 대한민국 기업들의 대형 입간판 조명 등이 비춰주는 불빛이 필자의 집으로 돌아가는 길을 안전하게 밝혀줬다.

그때로부터 약 20여 년이 지난 현재, 밤의 투티엠은 그야말로 격세지감을 느낄 정도로 불야성의 도시로 변했고, 베트남 정부는 투티엠을 향후 국제 상업 금융 지구와 정부청사를 포함한 신도시로서 중국 상하이의 '푸동' 처럼 만들겠다는 꿈을 키우고 있다.

한편 호찌민시의 도시 계획 및 도시 개발 확장 에너지 축이 제2군을 거쳐 제9군과 동나이성 쪽을 향하고 있는 것을 알 수 있는데, 그 이유는 우리나라가 서울에서 경부선을 축으로 남진하는 현상이 나타났던 것과 같이 호찌민시는 하노이와 동나이성 쪽 방향을 향해 북동진하고 있는 것으로 분석된다. 삼성전자 백색가전 공장이 투티엠 배후 지역인 제9군 하이테크파크 롱빈 전철역 인근에 입지하고 있는 것이 우연의 일치만은 아닌 것 같다.

투티엠 개발의 미래

투티엠의 면적은 한국 여의도의 약 2.2배로 647ha이고(약 194만 평), 인구는 2020년까지 상주인구 13만 명, 유동인구 35만 명을 계획하고 있다. 2020년경 준공 예정인 전철 1호선이 벤탄에서 출발해 타오디엔을 거쳐 제9군 하이테크파크, 롱빈 역으로 연결되고, 전철 2호선이 투티엠을 관통하게 되면 투티엠의 접근성은 지금보다 놀랍게 개선될 것으로 전망된다.

뿐만 아니라 투티엠 배후지와 사이공 강변에 수많은 프로젝트들이 속속 진행되고 있다. 2021년 '31회 SEA Games' 개최를 위한 종합스포츠 스타디움이 건설될 예정이며 사이공 강에는 추가로 3개의 다리가 건설될 예정이다. 이 다리들이 다 완공되면 제1군 CBD(Central Business District, 중심 상업 지구)와 투티엠이 중심 상업 지구로 통합 연결될 것이고 투티엠은 'New CBD(새로운 중심 상업 지구)'로 거듭나게 될 것이다.

우리나라 서울의 경우 한강을 사이로 강북과 강남 상권이 분리되는 현상이 나타났지만 사이공 강은 한강보다 폭이 좁은 편이다. 또한 투티엠 주변의 부동산 주택 개발 사업도 급속하게 진행 중이다. 주요 현장을 살펴보면 엠파이어시티, 롯데 에코스마트시티 등이 있다.

결론적으로, 베트남이 현재의 경제 기조를 계속 유지 및 발전시킨다면 투티엠은 머지않아 제7군 푸미흥 신도시를 추월해 호찌민의 새로운 중심 상업 지구로 변모될 것이고 상하이의 푸동처럼 성공할 것으로 전망된다. 다만 전체 면적이 푸동보다는 작아서 '미니 푸동'의 모습이 될 것으로 기대된다.

그런데 투자자 입장에서 꼭 고려해야 하는 것은 미래 완성된 모습에 대한 전망과 함께 완성되는 시간에 대한 생각이다. 베트남 호찌민의 대표 신도시인 푸미흥 그리고 중국 상하이 대표 도심 푸동도 개발 시작부터 성숙 단계까지 도달하는 데 20년이 넘는 세월이 걸렸다. 이 사실은 꼭 염두에 둬야 한다.

성숙기에 접어든 신도시 호찌민 '푸미흥'

호찌민시 7군 푸미흥은 호찌민시에서 한국 교민이 가장 많이 거주하는 지역이다. 푸미흥 지역 곳곳에서는 한국어로 적혀 있는 간

판을 쉽게 볼 수 있다. 미국 LA 코리아타운 다음으로 큰 규모라고 한다. 약 15만 명으로 추산되는 호찌민 한인 가운데 절반 가까이 가 이곳에 거주하고 있는 것으로 알려져 있다.

푸미흥은 호찌민시 정부와 대만계 부동산 개발사 '푸미흥'이 외국인들을 겨냥해 만든 신도시다. 한국, 프랑스, 일본, 캐나다 등 국제학교가 많이 있고, 주상복합 아파트와 고급 사무용 빌딩, 영화관을 갖춘 대형 쇼핑몰들이 속속 들어서고 있다. 여기에 한국 식당과 카페, 한인 교회, 병원 등 일상생활에 필요한 근생 시설이 대부분 갖춰져 있기 때문에 우리 교민들이 이곳에 많이 거주하고 있다.

즉 실수요 거주지로서 푸미흥은 전혀 손색이 없어 보인다. 그러나 투자처로서의 푸미흥은 매력이 다소 떨어진다. 첫째, 교통 문제 때문이다. 호찌민시 1군 등 시내 중심 상업 지역으로 진입하는 도로에 병목 현상이 극심해 도심으로의 출퇴근이 어렵기 때문이다. 최근 출퇴근 시간이 거의 1시간 이상 소요되고 있다. 여기에 신도시 개발 성숙기에 접어들어 추가적인 주변 개발에 한계가 있다는 평이다. 따라서 실수요 접근으로는 푸미흥이 좋은 지역이지만 시세 상승을 기대하는 투자처로서는 이런 점들을 고려해 고민할 필요가 있다.

04

호찌민 vs 하노이, 어디에 투자할까?

베트남 투자 관심자라면 호찌민과 하노이의 도시 개발 계획에 주목해야 한다. 베트남 경제는 대내외 위기에도 불구하고 안정적인 경제 성장 기조를 유지하고 있고, 특히 도시 인구 급증으로 아파트를 선호하는 트렌드가 확산되면서 부동산 시장 성장에 주요하게 작용하고 있다.

하노이는 투자 붐

2018년 1월부터 10월까지 10개월 동안 하노이가 유치한 외국인 직접투자액이 63억 달러라고 한다. 이것은 2017년도 같은 기간보다 2.8배 증가한 수준으로 베트남 전체 도시 가운데 가장 많은 규모다. 여기에 2018년 10개월 동안 하노이시에 사업 등록을 한 신규 기업도 2017년 같은 기간보다 3% 늘어난 2만 1,169개로, 등록 자본금은 40% 증가했다.

한마디로 최근 호찌민에 비해 상대적으로 하노이로 돈과 사람이 더 많이 몰리고 있는 것으로 판단된다. 이렇다 보니 2018년 3월 하노이 내 중심가 아파트를 구입한 국내 기업인의 실제 사례에 의하면 2018년 말경에 약 30% 정도 가격이 올랐다고 한다. 하노이 주택 시장 전체적으로는 2018년 대략 10%에서 20% 정도씩 상승한 것으로 판단된다. 특징적인 것은 아파트 가격보다 땅값과 1층에 로드샵을 임대할 수 있는 숍하우스 가격이 더 급상승하고 있다는 점이다.

그래서 K-VINA비즈센터에 상담을 받으러 오는 사람들에게 외투 법인을 만들어서 땅을 선구입해 투자 확보하고 사업 투자 기회를 천천히 확대하라고 조언해주고 있다. 전체적으로 베트남 주식 시장은 국제 금융 시장 변동에 따라 조정을 받고 있지만 부동산 시장은 지속적인 상승 국면에 있는 것으로 판단된다.

하노이 시내는 현재 도시 전체가 공사판이라고 할 수 있을 정도로 하노이에 대한 교통 인프라 그리고 주택 건설은 계속해서 늘어나고 있는 추세다. 그리고 하노이 아파트 주택 시장은 그동안 호찌민보다 상대적으로 가격이 덜 올랐기 때문에 단기적으로 주택 가격 상승 여력이 더 많은 것으로 보인다. 다만, 향후 가격이 가장 많이 오를 것으로 예측되고 월세 임대도 잘나가는 핵심 입지의 주택이나 아파트를 잘 고려해 선택해야 한다.

하노이 아파트를 구입해놓고 현지에 거주하지 않을 경우에는 외국인이나 베트남 사람들에게 월세 임대를 놓을 수가 있다. 현재 하노이 아파트의 연 임대수익률은 보통 5~7%정도 된다. 월 임대료를 받으면서 기다리고 있다가 시세 차익 목표 수익률에 도달하는 시점에서 매각하면 된다. 단기 투자 목표로는 3년에서 5년 후, 중장기 투자 목표로는 7년에서 10년 후가 가장 시세 차익이 극대화될 것으로 분석하고 있다. 또 중국 부동산 시장이 폭등하기 시작한 2009년 전후 시점이 베트남의 경우 2020년에서 2025년 사이에 올 것으로 예측되고 있다.

하노이에 투자해야 할지, 호찌민에 투자해야 할지에 대해 묻는 투자자가 많은데 이 질문에 대한 정답의 핵심은 도로, 전철, 고속도로 등 베트남 정부가 도시 인프라 개발에 집중하는 지역에 투자해야 한다는 것이다. 두 도시 모두 투자 메리트와 성장 잠재력이 있지만 2019년 현 시점에서 본다면 단기적으로는 하노이가 호찌민에 비해 상대적으로 인프라가 집중 개발되고 있고, 현재 호찌민시보다 가격이 상대적으로 저렴하다는 점에서 더 나아 보인다. 결국 하노이 부동산에 투자하는 것이 비교적 적은 비용으로 높은 투자 수익률을 거둘 수 있는 이른바 '가성비'가 좋은 투자라고 판단된다.

하노이는 호찌민에 비해 상대적으로 발전이 늦었지만, 베트남 정부의 남북 균형 발전 정책 추진으로 하노이와 북부 지역에 대한 도시 기반 시설을 집중적으로 개발하고 있기 때문에 하노이와 하이퐁이 급속히 성장하고 있다. 또한 하노이보다 대략 4, 5년 정도 앞서 발전하고 있는 호찌민과 남부 지역은 외국인 투자 기업 입장에서 보면 역설적으로 하노이 북부 지역에 비해 상대적으로 토지 가격과 인건비가 비싸고 노사 분규도 많고 인력도 구하기가 어렵다. 반면에 하노이와 북부 지역은 상대적으로 토지 가격과 인건비가 상대적으로 싸고 노사 분규도 별로 없으며 인력도 구하기가 쉽다. 무엇보다 현지 근로자들의 근로 자세도 하노이가 더 양호한 것으로 알려져 있다.

특히 베트남 정부에서 남북 균형 발전 정책의 일환으로 행정 수도인 하노이를 국가 수도로서의 위상과 국제 도시로서의 면모를 갖추기 위해 도시 개발에 박차를 기하고 있으며 호찌민보다 앞서 전철(2A노선)을 2019년 하반기 개통 운행할 예정이다. 뿐만 아니라 시내 중심 도로 확장은 홍강 주변의 시퓨차 신도시, 동앵 지역의 스마트 신도시, 빈홈시티 신도시 등이 속속 건설되고 있으며 하노이는 도시화율이나 주택 보급률이 아직 약 40%대 초반이기 때문에 주택, 아파트 건설, 시행 사업이 매우 유망한 것으로 판단된다.

하노이 코리아타운 '미딩송다'

하노이시 한인 상가가 가장 많은 미딩송다 지역에는 매달 새로운 한인 가게들이 들어선다. 2018년 10월에는 식당 제주 아일랜드(일식), MIZ(일식), 초심(고기), DALIN(고기), 청기와(한식), 삼거리(한식), Friez(치킨)가 문을 열었다. Lovely Pet(애견), 나무스크린골프, 하나마사지, 하나부동산, 청담부동산도 오픈했다. 미딩송다에는 2006년 한국인이 처음 들어왔다. 지금은 없어진 '굿모닝 베트남' 식당이 들어오고 이어 춘천 닭갈비 식당과 생맥주 카페가 들어왔다. 2007년 경남72빌딩 착공으로 미딩송다는 조금씩 한국인이 모여들기 시작했다. 경남72빌딩 건설 관계자들의 사무실과 숙소, 식당, 마트, 부동산, 카페, 마사지숍, 가라오케, 미용실, 미니 호텔이 차례로 들어왔다.

2012년 경남72빌딩 완공 이후에도 미딩송다는 경남72빌딩의 배후 도시로, 한인 거주지로, 한인 상권의 거주지로 부상했다. 2010년부터 중화단지에 있던 상당수의 한인과 한인 거래처가 미딩으로 자리를 옮겨왔다. 미딩송다에는 업종으로 볼 때 식당이 압도적이다. 2018년 10월 기준으로 경남72빌딩 식당을 제외하고도 69개 식당이 영업 중이다. 그런데 2012년 미딩송다에는 한인식당이 12개 있었다. 6년만에 69개가 된 것이다. 당시 하노이와 베트남 북부 지역 한인 인구는 15,000여 명이었는데, 2018년 10월 기준으로 5만여 명으로 추정되니 인구는 거의 3배, 식당은 5배 이상 증가한 셈이다.

한인 인구를 추정해보는 더 정확한 숫자는 하노이한국국제학교 학생 수를 참조하면 된다. 2012년 동 학교의 학생은 450여 명, 2018년 10월 기준 1,900여 명이다. 학생 수는 4배 이상 늘었다. 하노이와 베트남 북부 지역 한인 인구는 더 늘 것으로 전망된다. 경쟁과 사업 규제를 피해 한국과 중국, 심지어 호찌민시에서 이주할 한인들의 조짐이 보이기 때문이다.

2012년 미딩송다의 4층 건물(1층 80제곱미터)은 한 달 임대료가 2,300달러, 지금은 거의 5,000달러다. 현지인 4년제 한국어 전공자 신입 급여는 2012년 800만 동(약 40만 원)에서 현재는 1,500만 동(약 75만 원)이 되었다. 현지에서는 한국인과 연관되면 무조건 단가가 올라간다. 한국인이 원하는 수요는 많고 공급이 적은 시장 논리와 한국인의 저돌성과 조급함이 맞물려 하노이 한인 동종업계는 무한 경쟁 중이다. 상당수는 기업형이 아니라 생계형이다. 아무래도 브랜드, 기술력, 자금력이 약하다. 최근에 하노이 아파트 구매 열풍이 언론에 소개됐지만 현지 거주 한인들의 구매는 매우 적다. 부동산 관계자들에 의하면 한국인 구매자는 거의 한국과 중국에서 온 고객들이다.

05

고급 아파트 1채 vs 중저가 아파트 5채, 어디에 투자할까?

"시내 중심가 고급 아파트 5억짜리 1채를 살까요, 변두리 1억 원짜리 5채를 살까요?"

최근 가장 많이 받고 있는 베트남 투자 상담 문의 중 하나다. 이 질문에 대한 해답을 구하기 위해 우선 베트남 제1의 경제 도시인 호찌민시와 베트남의 행정 수도인 하노이시에 대한 비교 분석이 필요할 것 같다.

일단 인구는 호찌민이 더 많고 1인당 GDP도 호찌민(약 7천~8천 달러 추산)이 하노이(약 5천~6천 달러 추산)보다 더 높으며 경제 발전 속도도 호찌민이 하노이보다 약 4~5년 정도 앞서 있는 것으로 알려져 있다. 즉 사람과 돈이 가장 많이 몰려들고 있는 지역은 호찌민인 것으로 분석된다.

특이한 점 한 가지는, 하노이 지하철 2A 노선이 2018년 말 완공되었으며(현재 운행 준비 중) 1, 2, 3호선이 공사 중인데 반해, 호찌민은 1호선이 2020년 완공될 예정이며 3, 4호선이 공사 중인 것으로 알려져 있어 지하철은 하노이가 앞서가고 있는 것을 볼 수 있다. 국가 수도로서의 우선 정책이 반영된 결과가 아닌가 판단된다.

주택 분양 시장에서 임대수익률(월세 수입) 면에서는 호찌민이 평균적으로 연간 약 5~6% 내외, 하노이가 평균적으로 연간 약 5~7% 내외로 형성되고 있는 것으로 나타나 있는데, 이것은 호찌민이 하노이보다 아파트 가격이 더 비싸게 형성되어 있기 때문이다.

전체적으로 보면 호찌민 지역이 투자 1순위, 하노이 지역이 투자 2순위 양상을 보이고 있다. 그러므로 1채를 구입할 경우엔 호찌민에 투자하고 2채를 구입할 경우엔 호찌민에 1채, 하노이에 1채를 구입하는 분산 전략이 바람직하지 않을까 판단된다.

참고로 삼성전자가 있는 하노이 인근 박닌성을 살펴보면 삼성의 탁월한 입지 선정 안목이 돋보인다. 삼성전자 휴대폰 공장의 원부자재 부품을 자동차로 2시간 30분 거리의 중국으로부터 조달하고 완제품을 다시 중국 시장에 내다 팔 수 있는 절묘한 입지이기 때문이다.

LG전자도 하노이 인근 하이퐁에 입지하고 있는데 최근 우리나라 기업들의 북부 지역 입지 선정 증가 추세는, 하노이와 북부 지역이 현재는 후발 주자 같지만 향후 호찌민과 남부 지역보다 더 발전할지 모른다는 전망에 대한 기대감을 한 층 더 높여주고 있는 것 같다.

그럼 시내 중심가 고급 아파트 5억짜리 1채를 사는 것이 좋을까, 변두리 중저가 아파트 1억 원짜리 5채를 사는 것이 좋을까?

CBRE 베트남에 따르면 지난 몇 년간 가장 인기를 끌며 가장 높은 판매량을 기록한 아파트는 중간층 아파트 가격대였다. 중저가 아파트의 공급 확대 속도가 빠르지 않다는 점과 고급 아파트 대비 가격 부담도 적고 중산층 근로자의 증가로 인한 내 집 마련 실수요에 인한 꾸준한 가격 상승이 예측되고 있다. 혹시 베트남에 2008년과 같은 국제 금융 위기가 또 온다고 해도 중저가 아파트는 가격 하락 위험이 거의 없거나 미미할 것이라는 전망이 지배적이다. 특히 저가 아파트는 서민들의 실수요에 의해 공급과 동시에 분양이 완료되는 상황이다. 가격이 가장 저렴하기 때문에 위치 또한 시내로부터 멀리 떨어진 외곽이나 위성도시에 입지해 있다. 반면에 1㎡당 5천 달러 이상 가는 고급 아파트(100㎡에 약 5억 8천만 원)는 구입 가격에 대한 부담과 공급 과잉, 임대 공실 우려, 이미 많이 오른 분양가에 따른 피로감 등으로 인해 향후 상당 기간 동안 가격 상승이 제한적일 것이라는 전망 등을 감안해 투자 시 신중한 접근이 필요하다. 반면 고급 아파트군의 건설 입지가 대부분 시내 중심가의 가장 핵심적인 위치에 건설되고 있다는 점이 향후 부동산 수직 상승(폭등)기가 도래했을 때 시세 차익이 가장 높을 것이라는 전망도 있다.

결론적으로 투자 금액이 적거나 신중한 투자자는 저가 아파트 몇 곳에 분산 투자하고 단기간 가격 상승이 이뤄졌을 때 약간의 시세 차익을 보고 바로 빠져나오는 전략이 괜찮지 않을까 생각되며, 투자 금액이 크고 공격적인 투자자는 고급 아파트에 투자하되 약 5년~10년 정도의 긴 호흡으로 투자하는 전략이 어떨까 판단된다. 왜냐하면 중국 부동산의 경우 주택 가격이 본격적으로 폭등하기 시작한 시기가 대략 2009년도부터였던바, 베트남 부동산 시장에도 그 시기가 머지않아 올 것이라는 전문가들의 예측이 있기 때문이다. 그리고 만일 10억 원을 투자한다면 고급 아파트 1채와 중저가 아파트 5채를 구입하는 포트폴리오 전략도 고려할 만하다.

베트남 중소도시 성장을 주목하라

청정 휴양 도시, 붕따우·호짬

앞서 언급한 대로 2018년 베트남 시장 6대 핫트렌드 중에 '홈스테이'가 1위를 차지했다. 이것은 베트남에 관광·휴양·레저 시대가 왔다는 의미다. 관광·휴양·레저 시대에 투자 유망 지역으로 급부상하고 있는 지역은 이미 잘 알려진 다낭, 푸꾸옥, 하이퐁·하롱베이, 냐짱, 달랏 지역 등과 더불어 붕따우, 호짬, 판티엣, 므이네, 퀴논 지역 등을 꼽을 수 있다.

특히 붕따우, 호짬 지역은 베트남 최대 경제 도시인 호찌민에서 가장 가까운 바다와 산이 있는 청정 휴양 도시다. 거리는 호찌민에서 약 100km, 자동차로 약 2시간 거리에 위치한 우리나라의 부산 해운대 같은 도시다.

우리도 경험했듯이 가계소득이 올라가면 그다음 건강을 생각하게 되고 공기 좋고 물 좋은 데로 놀러 가서 쉬고 싶어진다. 이미 베트남에 그런 시점이 오고 있다고 판단된다. 베트남 관광청에 의하면 2017년 베트남 내국인의 주요 관광지 방문객 수가 푸꾸옥 120만 명, 다낭 450만 명, 냐짱 400만 명, 판티엣 370만 명, 달랏 441만 명, 붕따우 1,700만 명인 것으로 조사됐다. 붕따우가 압도적으로 1위를 차지해 향후 관광 개발 수요가 많을 것으로 전망된다.

또한 우리가 주목해야 할 사실은 베트남 방문 외국인 관광객 수가 2018년 말 1,550만 명인데, 이는 2017년 말 대비 20%나 증가한 수치라는 점이다. 특히 이 숫자는 2018년 말 한국 방문 외국인 관광객 수 약 1,500만 명보다 더 많은 숫자라는 점을 기억해야 한다.

베트남에 관광 온 1,550만 명의 외국인이 호찌민이나 하노이 시내에만 체류하는 것은 아니다. 하노이에 온 외국 사람들은 하이퐁·하롱베이를 찾고 있고, 호찌민에 온 사람들은 붕따우·호짬을 찾고 있다.

결론적으로 관광·휴양·레저 인구가 증가하는 시대의 투자 관점은 대도시에서 가장 근거리에 입지하고 있는 공기 좋고 경치 좋은 산과 바닷가의 관광·휴양·청정 지역을 주목하라는 것이다.

우리나라도 최근에 '미세먼지' 때문에 '대한민국은 숨 쉬고 싶다!' 는 말이 유행하고 있는데, 베트남도 호찌민과 하노이 등 대도시의 경우 전국적으로 약 5천만 대의 오토바이에서 배출되는 배기가스와 제조 공장 등에서 뿜어나오는 산업 공해 등으로 대기오염이 우려되고 있는 상황이다. 이러한 이유와 배경에 의해 붕따우 같이 대도시 근교의 공기 좋고 물 좋고 산 좋은 바닷가 주변의 휴양·관광 지역, 즉 제대로 숨을 쉴 수 있는 신선한 공기가 있는 청정 지역은 갈수록 뜰 수밖에 없다. 붕따우, 호짬이 이러한 환경을 가지고 있다는 점이 핵심 투자 메리트라고 판단된다.

그다음 특장점은 붕따우 아파트 가격이 다른 지역에 비해 상대적으로 저평가되어 있다는 것이다. 향후 베트남 남부 해안 도시를 잇는 비엔화에서 붕따우까지 4차선 고속도로 구간 약 100km가 건설되면 호찌민에서 붕따우까지 1시간 이내의 매우 높은 접근성이 확보될 예정이기 때문에 지금 투자하고 당장 1~2년 사이 급하게 대박을 기대하기보다는 향후 5년 정도 긴 호흡으로 월세 임대나 에어비앤비 또는 홈스테이(민박) 등으로 임대 운영하거나 따뜻한 남쪽 나라의 정취를 일년 내내 즐길 수 있는 남국 해변에 세컨드하우스로 사용하면서 기다리면 투자 수익을 충분히 기대할 수 있을 것으로 보인다. 베트남 국민 1인당 GDP가 공식적으로 약 4,000달러에서 5,000달러 구간에 진입하는 시점, 즉 베트남 부동산·주택 가격의 대도약기가 올 때 팔고 나오면 최적의 투자가 될 것으로 전망된다.

다크호스로 부상 중인 비엔화시

동나이 지방 비엔화시 도심 부동산 가격이 평균 10~25%, 최대 60%까지 상승했다. 법무법인 JP 호찌민에 의하면 2018년도 상반기 비엔화시에 투자된 금액은 지난해 같은 기간보다 141% 증가한 9억 200만 달러에 달했다.

비엔화시는 동나이 지방의 경제·행정 중심지로서 베트남 주요 경제 도시인 호찌민, 붕따우와도 접근성이 좋다. 비엔화시는 현재 산업·서비스 분야를 중심으로 연 12~15% 성장세를 나타내며 베트남 부동산 투자처의 다크호스로 부상하고 있다.

관광업 유망한 람동성

람동성(달랏)은 잘 알려진 바와 같이 우리나라의 5월과 같아서 1년 내내 꽃이 피고 너무 덥지도 춥지도 않은 쾌적한 날씨를 가진 해발 1,500미터 고지의 자연·생태·청정 지역이다. 사람이 살기에 너무 좋은 건강·휴양 도시다. 쉽게 말해 '에덴동산' 같은 곳이다. 그래서 베트남 사람들에게는 신혼여행지 1순위 인기 지역이며 피서 및 휴양 선호지다. 여기에 람동성 지역의 잠재력과 투자 매력이 함축되어 있다.

또한 달랏은 우리나라 사람들이 좋아하는 소나무향 가득한 숲과 산림, 호수와 플라워가든, 유럽풍의 도시 등으로 국내 골퍼들이 가장 가보고 싶어 하는 도시 중 하나이기도 하다. 베트남 관광청 통계에 따르면 2018년 1년 동안 달랏에 약 650만 명이(베트남인 600만 명, 외국인 50만 명) 방문했으며 이는 전년 대비 약 21%나 증가한 수치라고 한다. 매년 계속 급성장하고 있다는 의미이고 농산품 분야도 커피, 꽃, 우유, 딸기, 각종 채소와 차, 구근(뿌리채소) 등이 많이 생산되고 있다.

유망 사업으로는 기업체 입장에서 본다면 관광업이 유망하며 관광 분야 중에서도 생태 관광, 휴양 관광, 골프 관광, 교육 관광, 농업 관광, 꽃 관광 등이 있으며 호텔, 리조트 개발, 골프장, 위락, 놀이공원, 컨벤션 등의 관광 사업 분야가 있다.

농업 분야는 커피, 꽃, 채소, 딸기, 우유, 차, 구근 등을 생산하는 스마트 농업 분야와 이를 가공하는 농산가공업과 판매하는 무역업, 유통 사업 등이 유망하고 부수적인 파생 업종으로 물류창고와 농산물저장창고업, 운송업 등이 유망하다.

부동산·건설·개발 분야로는 '달랏시 2030확장계획'에 따른 도시 개발 관련 도시·주거·상업·실버 휴양 분야의 부동산 개발 사업이 유망할 것으로 전망된다.

현재 이 지역의 땅값이 관광 인프라 개발 호재 등으로 오르고 있는 추세인데 국내 기업들이 중국, 일본, 싱가포르, 대만계 기업들보다 앞서 움직여서 좋은 입지의 사업 부지를 선점하는 것이 중요할 것으로 판단된다.

달랏시 확장 계획에 따르면 2030년까지 도시 전체 규모가 393.28㎢에서 3,359.3㎢로 약 9배 확장될 예정이다. 2025년까지 달랏과 주변 구역은 중앙직할시가 되고 스마트시티 건설도 목표로 하고 있다.

달랏 지역에는 현재 한국인이 기 진출해 딸기농업이나 화훼 재배, 무역, 카페, 숙박업, 골프연습장, 대학 교수 등으로 진출해 인생 2모작에 성공한 사례도 있다.

K-VINA비즈센터는 2018년 5월 달랏시와 스마트시티 개발 업무 협약을 체결한 데 이어 2019년 3월 람동성 정부와 한·베트남 양국 기업의 상호 투자 및 진출을 돕기 위한 업무 협약을 맺고 현지 도시 개발 사업을 돕고 있다.

핫 투자 아이템 '숍하우스'

베트남 현지인들의 경우 아파트와 단독주택이 혼합된 형태인 이른바 '숍하우스(타운하우스)'를 매우 선호한다. 2~5층짜리 단독주택을 연속적으로 붙인 형태인데, 베트남은 오토바이 문화가 발달해서 도로변 전체에 로드상가가 형성되기 때문에 숍하우스 1층은 로드숍이나 음식점, 카페 등으로 활용할 수 있어 현지인들에게 인기가 높다. 호찌민에 거주 중인 L회장에 의하면, 2018년도에 2군 타오디엔 지역의 땅을 약 9억 원에 매입하고 약 5억 원의 시공비를 들여 숍하우스를 건축했는데 준공 허가도 나기 전에 부동산중개소에서 25억 원에 팔 의향이 없느냐고 연락이 왔다고 한다. 그정도로 요즘 신축 숍하우스에 대한 인기는 이른바 하늘을 찌를 정도다.

참고로 호찌민의 땅값은 지역에 따라 다르나 다국적 부동산 회사 CBRE에 의하면 푸미흥 7군의 경우 1㎡당 1,500달러, 우리 돈으로 평당 약 570만 원 정도이며, 건축 후 임대수익률은 약 6~7% 정도를 기대할 수 있다. 2군 투티엠 배후 지역의 경우는 1㎡당 1,600달러부터 4,000달러, 우리 돈으로 평당 600만 원에서 1,500만 원 사이에 거래되고 있으며 건축 후 임대수익률은 약 5~7% 정도가 예상된다. 하지만 투티엠 주요 지역엔 수요자는 많은 데 비해 매물이 없는 실정이다.

자주 묻는 부동산 Q&A

여기서는 베트남 부동산 투자에 관심 있는 분들이 많이 문의하는 내용 중에서 가장 중요하다고 판단되는 것들만 선별해 간략히 답하는 형식으로 설명하고자 한다.

베트남 30평대 아파트 가격은?

어느 나라나 마찬가지이지만 아파트 가격은 지역에 따라 다르다. 도심 기준으로만 보면 제1의 경제 도시인 호찌민 시내 중심가에 있는 고급 아파트는 4~5억 원 가까이 하고 푸미흥 신도시 같은 경우도 비싸게는 3~4억 원에 이른다. 수도인 북부의 하노이 시내 중심가는 약 2~3억 원이다. 평균적으로는 2~3억 원으로 보면 된다.

왜 이렇게 베트남 아파트 가격이 비싼가?

대부분의 사람들이 왜 이렇게 베트남 아파트 가격이 비싸냐고 묻는다. 경제 수준에 비해 아파트 가격이 비싸다는 말이다. 사실은 '비싸다' 기보다는 '다양하다'가 답일 것 같다. 베트남 현지인 수준에 맞춰서 분양하는 아파트는 1억 미만짜리도 많다. 하지만 외국인을 대상으로 투자할 만한 고급 아파트를 기준으로 도심권 중심으로 보면 앞의 가격대가 나오는 것이다. 또한 시공을 베트남 건설사가 하더라도 마감 자재나 건축 자재 품목에서는 아직도 수입산 물건들을 많이 사용하기 때문에 아파트의 경우 일반 주택보다 다소 비싸지는 경향이 있다. 또한 분양이 잘되는 지역의 경우 가격 거품이 조금씩 끼어드는 경향도 있다. 그래서 투자 상품을 잘 골라야 한다.

베트남에서 집을 살 때 어떤 요소들을 고려해야 하나?

사려고 하는 집의 목적을 명확하게 해야 한다. 다시 말해 거주 목적이냐, 임대 목적이냐에 따라 사야 하는 집이 달라진다. 만약 거주 목적이라면 국제학교 등 교육 기관과 쇼핑센터 등 편의시설이 주변에 있는지가 중요하고, 임대 목적이라면 집의 구조 등이 베트남 사람들이나 외국인 임차인이 좋아하는 요소를 갖추고 있는지 살펴봐야 한다.

향후 중요한 것은 전철 건설이다. 우리나라도 역세권 중심으로 여러 가지 투자 상품들이 많이 나오는 것처럼 베트남도 교통체증이 심각하기 때문에 도심권에서는 대중교통이 활발해질 것으로 예상된다. 전철 주변 지가가 다른 곳보다 약 30% 정도 높은 상황이다. 머지않아 역세권 개발 붐이 일어날 것으로 예상된다.

투자 목적 주택 구입 시 주의할 점은 무엇인가?

단기 투자가 유리할지, 장기 투자가 유리할지를 먼저 따져봐야 하는데, 일단 베트남 주택 아파트 투자에서는 빨리 치고 빠지겠다는 단기 투자보다는 긴 호흡으로 약 5년 이상 보고 장기 투자를 하는 것이 바람직하다. 장기 경제 성장이 예상되는데다 환 수수료 및 기타 비용 등을 고려하면 단기 차익보다는 장기로 가져가는 것이 수익률 극대화에도 도움이 될 것으로 판단된다.

개인 투자자들은 어디에서 투자 정보를 얻어야 하나?

베트남 건설·부동산 시장은 가격 변동성도 심하고 통화나 금리 정책이 불확실하기 때문에 변수가 많고 국내에서 정확한 최신 베트남 정보를 얻기도 어렵다. 베트남 내 부동산 시장의 허위 정보가 80%나

된다는 게 현지 전문가 평가다. 따라서 신뢰할 만한 전문 기관에 문의해야 한다. K-VINA비즈센터와 같이 믿을 수 있는 기관이나 전문가의 도움을 받는 것이 성공적인 베트남 부동산 투자를 위한 하나의 방법이 될 수 있다. 최근 베트남 시장이 좋다고 국내 일부 부동산 업체들이 전문성을 갖추지도 않은 상태에서 국내 투자자들을 베트남으로 안내하기도 한다. 그러면서 환치기를 유도하고 과도한 투자를 권유하기도 한다. 주의해야 한다. 또한 베트남 현지에서도 상담 중개 임대 관리 등 부동산에 대한 종합적인 서비스를 받을 수 있는 곳에서 거래를 하는 것이 안전하다. 해외 부동산은 우리가 수시로 가서 확인하고 손쉽게 바꿀 수 있는 상품이 아니기 때문이다.

베트남 주택을 외국인이 구입할 수 있나?

과거에는 고용 허가를 받은 외국인만 주거 목적으로 1주택을 취득할 수 있었는데, 2015년 7월 주택법과 토지법이 개정되면서 일반 외국인의 베트남 주택 투자가 가능해졌다. 따라서 현지 거주 외국인은 물론 여권을 소지한 관광객들까지도 주택 투자를 할 수 있게 개방되었다. 다만 신규 프로젝트에 의한 분양단지 매입만 가능하고 전체 분양 가구에서 외국인이 분양받을 수 있는 비율이 30%로 제한된다. 다시 말해 외국인의 경우 모든 부동산을 구매할 수 있는 것이 아니라 개발 프로젝트 구역 내에서만 가능하다(외국인은 주로 베트남 신규 분양 아파트를 분양받을 수 있다). 베트남 부동산 시장 전망이 밝은 만큼 최근 외국인 투자 수요가 몰리고 있는 이유다.

외국인의 경우 주택 영구 소유가 아닌 소유 기간이 있다고 들었는데, 맞는지?

외국인도 주택법 개정에 따라 베트남 부동산 구입이 가능하지만 소유 기간이 있다. 외국인 개인의 베트남 부동산 소유권은 50년이다. 이후 50년 만기 3개월 전에 소유 기간 연장을 신청하면 50년 연장을 한 번 더 받을 수 있다. 결국 50+50=총 100년의 소유권을 가질 수 있다. 법인도 동일하다. 과거에는 법인의 경우 외국인 투자 법인 명의로 베트남 주택 구입 시, 해당 외투 법인 허가 기간(허가 존속 기간) 동안만 베트남 주택을 소유할 수 있었다(주택법 개정 2015. 7. 1). 한편 베트남인은 소유 기간에 제한이 없다. 또한 베트남인과 결혼한 사람은 부부 공동 명의로 베트남의 어떤 주택이든 구입 및 소유할 수 있으며, 그 소유 기간에 제한이 없다.

외국인이 구입한 주택을 매도할 경우 현지인에게도 팔 수 있나?

그렇다. 외국인이 베트남 주택을 구입할 때는 외국인 할당 물량인 분양 단지 내 30% 이내에서만 매수할 수 있지만 매도할 경우 외국인은 물론 베트남 현지인에게도 팔 수가 있다. 베트남 현지인이 매수하게 되면 소유 기간에 대한 제한도 없어지게 된다.

외국인 투자 법인 명의로 베트남 아파트 투자 및 구매 시 주의 사항은?

구매 대상과 절차에 대해서는 기본적으로 외국인 개인 명의로 구매하는 것과 동일하다. 즉 베트남 내 주거용 프로젝트 내부의 아파트 및 단독주택, 빌라를 구매할 수 있다. 업종도 상관없다. 베트남에서 정상적으로 영업 중인 모든 법인은 주택을 구매할 수 있다. 다만 주의할 점은 제3자에게 임대를 놓아서는 안 되고 직원 숙소용으로만 사용해야 한다는 것이다.

외국인이 베트남 토지 취득이 가능한가?

외국인 개인이 베트남 토지를 취득하는 것은 불가능하며, 외국인 투자 법인만 베트남 토지 취득이 가능하다. 다만 베트남에서 외국인 투자 법인은 사업 목적에 맞는 토지를 취득할 수는 있으나 목적과 관계 없는 토지를 구입할 수는 없다.

외국인이 토지 취득을 할 때 주의 사항은?

토지 취득을 위한 보상을 할 경우 토지보상계약서는 꼭 공증을 받아야 한다. 현 토지 사용권 보유자에게 보상금을 지급하면서 체결하게 되는 보상계약서(Compensation Agreement)는 공증을 받아야 한다. 공증은 공증사무소(Notary Public)와 인민위원회 어느 쪽에서도 받을 수 있는데, 공증사무소에서 공증을 받을 때는 인민위원회에 해당 공증 보상계약서 사본을 송부할 필요가 있다. 그리고 가능하면 바로 토지 사용권증서를 발급 신청해야 한다. 보상금을 지급하고 현 토지사용권 보유자로부터 토지사용권증서를 교부받은 후에는 시간을 지체하지 말고 가능한 곧바로 토지사용권증서 발급 신청을 하는 것이 바람직하다. 이후 토지사용권증서를 꼭 확인해야 한다. 그리고 현 토지사용권 보유자가 적법하게 소유하고 있는지, 해당 토지가 담보로 제공된 사실은 없는지, 해당 토지가 외국인이 하고자 하는 사업 용도에 부합하는지 등을 잘 살펴야 한다.

베트남 토지를 분류하면?

• **농경지:** 논, 단년생·다년생 작물 생산에 사용하는 토지, 삼림 조성지, 보호용 삼림지, 특별 용도 삼림지, 수산업·제염업에 사용하

는 토지, 온실 기타 농업 생산에 필요한 시설을 건축하기 위한 토지, 사육을 허가받은 소, 가금류, 기타 가축 축사, 학습, 연구, 실험 목적으로 경작 및 사육하기 위해 사용하는 토지, 화훼 용지 등 기타 농경지.

- **비농경지:** 농촌 거주지, 도시 거주지, 사무실 건축에 사용하는 토지, 국방, 안보를 목적으로 사용하는 토지, 비영리 시설을 건축하는 데 사용하는 토지(비영리 단체의 사무소 목적으로 사용하는 토지), 문화, 사회, 의료, 체육, 과학 기술, 외교 시설, 기타 비영리 시설을 위한 토지, 비농업 생산 설비, 광업 활동에 사용하는 토지, 건축 자재, 도기 생산에 사용하는 토지, 공동 목적으로 사용하는 토지로서 수송에 사용하는 토지(공항, 부두, 철도, 보도 기타 교통 시설), 수로, 역사, 문화 유적지, 명승지, 공동 생활 부지, 유원지, 공공 문화 시설 부지, 전력발전 시설 부지, 우편, 정보통신 시설 부지, 매립지, 폐기물 처리 시설, 기타 공공 시설 건축에 사용하는 토지, 종교 단체가 사용하는 토지, 공동묘지, 장례 시설 부지, 화장터, 강, 시내, 운하, 도랑, 개울 또는 특별 용도 수면 인접지.

- **기타 비농경지:** 숙박 시설, 막사, 생산직 노동자의 단체 숙소로 사용하는 토지, 창고와 작물 보관을 위한 약품, 비료, 기계 설비, 농업 용구 보관소 등 거주지에 있지 아니하면서 비상업적 목적으로 이용하는 기타 시설의 부지로 사용하는 토지, 사용 목적이 확정되

지 아니한 토지를 포함한 미사용 토지.

투자 시 달러 및 베트남 동화 환율 관계 고려 사항은?

최초 부동산 구입을 위해 한국에서 미국 달러를 송금할 경우 달러 대
비 베트남 동화 환율이 상승하고 있다면 송금 달러 대비 더 많은 베
트남 동화 화폐로 환전할 수 있어 투자에 유리하다. 그러나 매매계약
서가 달러 기준으로 표시된다면 동화 환율 상승에 따른 효과는 없다.
마찬가지로 달러 대비 원화 환율 관계도 잘 따져봐야 한다. 원·달러
환율이 상승하고 있다면 달러 송금 시 원화 금액 비용이 증가할 수
있어 투자 매력이 반감될 수도 있다. 임대료를 베트남 화폐인 동화로
받아 한국에 송금하는 경우 동·달러 환율 상승에 따라 송금하는 달
러 금액이 감소해 불리할 경우가 있을 수 있다. 만약 베트남 현지에
서 임대료 등 각종 수익금을 한국으로 송금할 경우 동·달러 환율이
하락해서 동화 대비 송금하는 달러액이 증가하고 원·달러 환율은
상승해 달러 대비 원화를 더 많이 환전할 수 있다면 그 시점에 최고
의 투자 수익을 챙길 수 있는 상황이 될 수 있다. 결국 원·달러, 동·
달러 환율 관계를 잘 따져보면서 투자 및 수익금 송금 등을 고려해야
한다.

베트남 부동산 매입, 임대, 매도할 경우 각각 세금 관련 내용은?

1. 매입 시 세금

▶ **등록세 0.5%**

- 베트남은 주택 구매 시 내야 하는 취득세 개념의 세금은 없으나 나중에 일명 핑크북인 주택 소유권 증명서가 나오면 구입한 주택 가격의 0.5%를 등록세로 납부해야 한다.

2. 보유 및 임대 시 세금

▶ **보유세(재산세 등) 없음**

- 한국은 주택 보유 시 보유세(종합부동산세+재산세)가 발생하지만 베트남은 별도의 보유세가 없다.

▶ **연 임대소득 1억 동(한화 약 5백만 원) 기준 세금 발생**

- 만약 베트남 아파트를 구매해 임대 사업을 할 경우 연 임대소득 1억 동을 기준으로 납부해야 할 세금의 차이가 발생한다.
- 연 임대소득 1억 동 이하: 임대 사업자 세금 1백만 동(한화 약 5만 원)이 발생한다.
- 연 임대소득 1억 동 초과: 임대 사업자 세금 1백만 동(한화 약 5만 원)+연 임대소득의 10%(개인소득세 5%+부가세 5%)가 발생한다.

3. 매도 시 세금

▶ 양도가액의 2%인 개인소득세 납부

- 만약 베트남 아파트를 한화 1억 원에 사서 나중에 2억 원에 매도할 경우, 2억 원(매매 신고가액)의 2%인 4백만 원을 개인소득세로 납부해야 한다.

개인이 대출을 받아 투자할 수 있나?

한국인 개인이 베트남 내에서 현지 대출을 받는 것은 매우 제한적이다. 베트남 내에서 한국인은 베트남 입장에서는 외국인이기 때문이다. 기본 요건은 먼저 베트남 내에서 소득이 있어야 한다. 한국에서의 소득은 현지 대출 심사에 반영이 되지 않는다. 반드시 현지에서의 소득이 있어야 한다. 대출 기간도 제한적이다. 베트남에는 거주증이라는 증서가 있는데, 일반적으로 2년 정도 기간이고 이후 갱신을 하는 형태다. 대출 기간은 이 거주증의 기간 이내만 가능하다. 상환 방식은 만기 일시 상환 방식보다는 분할 상환 구조가 일반적인데, 만기에 기한 연장이 안 되기 때문이다. 그리고 DBR(Debt Burden Ratio, 월 대출원리금 상환 금액의 총액/월 소득)이 60% 이하 조건이 있다. DBR은 현재 비슷한 의미로 한국의 DTI(Debt To Income) 개념으로 이해하면 된다.

따라서 결국 한국인 개인이 현지에서 대출을 받는 것은 사실상 어렵다고 보는 것이 맞다. 또한 현행 주택담보 대출 이율이 약 8~10%나 된다.

해외 부동산 투자 수익금에 대한 국내 세금 가이드는?

국내에 납부할 세금은 한국 송금 여부와 관계가 없다. 국내 거주자가 해외 부동산을 통한 임대소득이 발생하면 부동산 소재지 국세법에 따라 관련 소득세를 신고·납부하는 것과 별도로 우리나라 국세청에도 신고해야 한다. 이때 국내외에 다른 소득(예를 들어 급여 또는 사업소득)이 있으면 이를 모두 합산해 종합소득세 확정 신고를 하면 된다.

베트남의 경우 부동산 양도세는 양도 차익 발생 여부와 관계없이 양도가의 2%를 납부해야 한다. 양도세 납부 후 잔여 금액은 매매계약서, 양도세 신고 납부 영수증 등 베트남 현지 은행에서 요구하는 증빙 서류 등을 은행에 제출하고 국내로 송금할 수 있다. 한편 해외 부동산을 양도한 경우에는 국내세법에 따라 양도일이 속하는 달의 말일로부터 2개월 이내 관할 세무서에 양도소득세예정신고를 해야 한다. 이때 국외에서 납부한 세액은 산출세액에서 공제하거나 필요 경비로 산입할 수 있다.

베트남 부동산 시세 차익에 따른 양도소득세 부담은?

베트남 부동산을 양도하는 경우 2014년까지는 양도 차익의 25% 세율을 적용해 양도소득세액을 산출해 납부했는데 2015년도에 법이 개정되었다.

2015년 1월부터는 양도가액(매매 신고가액)의 2%를 양도소득세(거래세)로 납부하는 것으로 일원화되었다. 예를 들어 1억 원을 들여 베트남 아파트 구입 후 주택 가격이 상승해 2억 원에 매매하는 경우 소득세로 양도가액, 즉 2억 원의 2%인 4백만 원을 양도소득세로 납부해야 한다. 만일 한국 거주자가 베트남 부동산에 투자해 시세 차익이 발생하는 경우 국내에 송금 시 원칙적으로 양도 차익의 6%~40%를 대한민국 국세청에 양도소득세로 납부해야 하는데, 이 경우 매도자는 베트남에서 기 납부한 베트남 양도소득세 2%를 차감 공제해 준다.

국내 거주자가 베트남 아파트를 구입할 경우 세금을 얼마나 내야 하나?

베트남에서 아파트를 분양받는 경우 한국과 달리 취득세는 없으나 소유권(핑크북) 등기 시 분양가액에 대해 0.5%의 등록세를 납부해야 한다. 그리고 대개의 경우 분양 금액에 포함시켜 판매하는 경우가 많은데, 건물가액의 10%를 부가세로 납부해야 한다. 또 세금은 아니지만 유지보수비(한국의 장기수선충당금) 명목으로 분양가의 2%를 선납부해야 한다. 부가세와 함께 유지보수비는 대개의 경우 분양 금액에 포함시켜서 판매하는 경우가 많다. 분양가액의 약 12.5%의 부대 비용이 발생된다고 보면 된다. 현지에 거주하더라도 세금은 똑같다.

베트남 아파트를 구입할 때 한국에도 세금을 내야 하나?

일반적으로 해외 부동산을 취득할 때 국내에 납부할 세금은 따로 없다. 다만, 해당 부동산 취득 시 취득 자금을 증여받으면 증여세를 납부해야 하는 경우가 발생될 수 있다. 증여세는 10년 이내에 부모 등 친족으로부터 일정 금액, 배우자 6억 원, 자녀 5천만 원, 미성년자 2천만 원 이상의 금액을 증여받는 경우 증여 금액에 따라 10~50%의 증여세를 납부해야 한다.

한국에 집이 있는 사람이 베트남 아파트 구입 시 1가구 2주택이 되나?

아니다. 한국 소득세법(시행령 제154조)은 1가구 1주택의 개념을 국내에 1주택을 보유하고 있는 경우로 보고 있으므로 국외에 주택을 소유한 자도 국내에 1주택만 소유하고 있으면 1가구 1주택에 해당된다. 즉 해외에 주택을 보유하고 있더라도 국내에 1주택을 보유하고 있고 일정 기간 이상의 보유 또는 거주 기간을 채우면 양도세 비과세가 된다.

외국인이 소유한 집을 제3자에게 임대할 수 있나? 임대수익률은?

할 수 있다. 최근 베트남 주택을 구입하려는 외국인들이 부쩍 증가했다. 거주 목적으로 베트남 부동산을 찾는 실수요자도 있지만 주로 임대 목적 등으로 주택 여러 채를 구입하려는 외국인 투자자가 많다. 임대를 놓을 수 있다. 다만 우리나라와 같은 전세 제도는 없어서 월세로만 임대가 가능하다. 임대수익률은 지역마다 차이가 있지만 대개 연 5%~8% 정도 된다.

외국인 투자 법인은 소유한 집을 제3자에게 임대할 수 있나?

외국인 투자 법인은 소유한 집을 제3자에게 임대하는 것은 금지되고 직원 숙소 용도로만 사용 가능하다.

월세 임대하려는 아파트 집주인이 거쳐야 되는 절차는?

(현실적으로는 다음과 같은 신고 절차를 거치지 않고 임대하는 경우가 많다.)

① **임대 사업자 신청**

- 집주인이 외국인이든 베트남인이든 사전에 군·현급 주택 관리

담당 기관에 임대 사업자 신청을 해야 한다.

② **세무서에 신고**

- 소비세 납부→세무 코드 발급

③ **보안 및 화재 예방 인증 신청**

- 해당 주소지 경찰서로 가서 신청하면 된다.

④ **세입자 임시 거주 신고**

- 집 주인은 해당 주소지 경찰서에 세입자 임시 거주 신고를 해야

한다.

⑤ **관리사무소 등록**

- 엘리베이터 사용 승인, 입주자 신고 카드 작성, 관리비, 전기세

납부 등

⑥ **개인소득세 납부**

- 연 임대 수익이 1억 동(5백만 원) 초과 시: 임대 수익의 10%(부가

세 5%, 개인소득세 5%)

호찌민시에서 지역을 얘기할 때 1군, 2군 이렇게 말하는데 '군'이 뭔가?

베트남 도시에서 사용하는 단순 행정구역 구분 명칭이다. 영어로 'District'의 뜻. 별다른 의미는 없다. 중심 상업 지구를 1군으로 해서 외곽으로 갈수록 숫자가 커지는 정도의 뜻이다. 서울시로 따지면 종로구, 중구와 같은 구 단위 정도로 생각하면 될 것 같다.

CHAPTER

5

—

베트남 주식 투자, 이것이 답이다

01

천국과 지옥 오가는 베트남 주식 시장

우리나라 종합주가지수(코스피)라고 할 수 있는 베트남의 주가지수 (VN)가 2017년 한 해에만 40% 이상 급등했다. 전 세계적으로 가장 높은 상승률 기록이었다. 2017년 한 해만 놓고 보면 말 그대로 대박이다. 이런 무서운 상승세는 2018년 초반까지 이어져 가파른 상승세를 유지했다. 연간 단위로는 VN 지수가 2012년 이후 6년 연속 상승세를 유지했고 6년간 125% 올랐다. 이렇게 지수가 상승한 이유는 기준 금리 인하, 기업 실적 개선, 정부의 주식 시장 지원 정책 등 내부적인 요인도 있고, 국가 신용등급 상향 조정 전망이나 해외 자금 유입 등 외부적인 요인도 있다. 2017년 증시의 외국인 순유입 규모가 2016년 빠져나간 규모보다 2배 더 컸다. 그래서 대형주들이 많이 올랐다.

하지만 2018년 2분기부터는 하락장세가 연출되면서 2018년 한 해 기준으로만 VN 지수가 9% 이상 떨어졌다. 〈도표 5-1〉에서

〈도표 5-1〉 베트남 VN · HNX 지수

— VN 지수(좌축)   — HNX 지수(우축)

출처: JP 법무법인 자료

볼 수 있듯 VN 지수가 큰 산맥을 형성하고 있다. 장기 투자라면 별 문제 없겠지만 짧게 보면 천국과 지옥을 오간 것이다. 하지만 이것도 다른 신흥국 동남아 주식 시장에 비해서는 비교적 안정적인 시장이라는 평가를 받고 있다. 투자를 즐기는 사람들은 오히려 이렇게 비교적 크게 움직이고 조정을 받는 시장을 더 좋아하는 측면도 있다. 그래서인지 베트남 증시에 대한 관심과 인기는 식을 줄을 모른다.

국내 증권가에서는 2018년 2분기부터 시작되어 지금까지 이어지고 있는 조정장세가 베트남 주식 투자를 엿보는 투자자 입장에서는 더 좋은 기회라는 분석이 많다. 그래서인지 2018년 중반부터 한동안 주춤했던 베트남 투자 펀드에 다시 자금이 몰리기 시작했다. 이는 베트남 증시 변동이 베트남 경제 및 성장 자체에는 아무런 문제가 없고 국제적 대외 변수 탓이라는 시각이 우세하기 때문이다. 베트남의 안정적 경제 성장, 베트남 정부의 정책적 지원, 상대적인 환율 안정성 등에서 베트남 증시는 투자자들로부터 높은 점수를 받고 있다.

대부분의 증시 전문가들은 2019년 하반기부터는 베트남 증시가 조정 국면을 마무리하고 반등하는 한 해가 될 것으로 점치고 있다. 전체적으로는 2019년 한해 지수가 '상저하고', 즉 상반기에는 다소 낮게, 그러나 하반기에는 좀 더 상승세를 타는 흐름을 보일 것으로 예상하고 있다. 이렇게 전망하는 이유로는 2019년 베트남 대형 우량 기업들이 IPO를 할 예정이고 베트남 증시가 이머징 지수에 편입될 전망이기 때문이다. 2020년경으로 예상되는 베트남 증시의 FTSE 신흥국 지수 편입은 베트남 증시의 호재가 될 것으로 보인다. 'FTSE'는 파이낸셜타임스(FT)와 런던증권거래소(LSE)가 설립한 FTSE인터내셔널에서 발표하는 글로벌 주가지수인데, 여기 신흥국 지수에 베트남이 편입되면 베트남 증시에 대한 재평가가 이뤄지면서 거액의 외국인 자금이 베트남에 들어와 호재로 작용할 전망이다. 이렇듯 외국인 자금 유입과 기업 실적 호조 등으로 인해 베트남 주식 시장은 다른 신흥국과 차별화된 반등

흐름이 형성될 가능성이 높다.

　다만 미국과 중국의 무역 분쟁 등 해외 불확실성이 존재하기 때문에 2019년에는 등락을 거듭하면서 소폭 조정될 가능성을 배제할 수 없다. 미·중 무역 분쟁과 미국 금리 인상 등 대외 악재들이 해소되고 앞서 설명한 호재들이 현실화되면 2019년 하반기에는 베트남 증시가 반등을 시도할 가능성도 있다. 베트남 증시 전문가들은 2019년 VN 지수밴드로 800~1,100선 사이의 등락을 예상하고 있다.

02

베트남 주식 투자, 유망한가?

2018년에 이어 2019년 2분기 현재까지 베트남 증시는 하락 조정 국면을 면치 못하고 있다. 이로 인해 베트남 주식 투자에 대한 회의론이 고개를 드는 것도 사실이다. 하지만 베트남 경제가 견조한 성장세를 계속 유지하고 있고 기업 실적이 빠르게 개선되고 있어서 조정은 있지만 대세 상승에는 큰 영향이 없을 것으로 판단된다. 빠르게 전개되는 자본 시장 개방도 베트남 증시의 호재로 작용할 것이다.

베트남은 2007년 세계무역기구(WTO)에 가입했는데, 가입 조건이 해외 자금이 자유롭게 유출입할 수 있게 해줘야 한다는 것이었다. 따라서 베트남 정부는 외국인 한도 상향 조정을 하면서 국영 기업의 민영화에도 속도를 낼 것으로 보인다. 결국 베트남의 더 많은 우량 기업들이 상장될 것이고 파생 시장에도 신규 상품들이 추가로 출시될 전망이다. 실제로 2019년 이동통신사 모비폰과 우정·통신그룹 VNPT 등의 상장이 예정되어 있다. 이렇게 되면 외국인 자금이 대거 유입되면서 시장 유동성이 확대될 가능성이 높다.

또한 예금 금리가 낮아지는 것도 호재로 작용할 것이다. 베트남 정기예금 금리가 6~7%로 하락해 수년 전 12~13%와 비교할 때 많이 낮아졌다. 베트남 내국인들도 점차 예금보다는 주식에 투자하는 사람들이 많아지고 있는 추세다. 한마디로 베트남 주식 시장 규모가 다른 나라와 비교할 때 아직 규모가 작은데, 향후 더 커질 수 있는 기회가 많다는 얘기다. 현재 베트남 주식 시장 규모는 GDP 대비 50%밖에 안 되는데, 동남아 시장들이 대부분 GDP 대비 80~90%다. 또 베트남은 환율 급등 우려가 매우 낮다. 2016년부터 중앙은행이 새로운 관리 제도를 도입하면서 환율이 아주 안정적인 추세를 보이고 있다. 다른 나라와 비교할 때 변동성도 매우 적고, 환율 변동으로 인한 피해 발생 가능성도 낮다.

미국 금리 인상과 미·중 간 무역 분쟁 등 아직 대외 불확실성이 상존하고 있지만 베트남 경제의 견조한 펀더멘털 대비 낮아진 주가가 경쟁력으로 부상하며 증시 정상화 흐름이 지속될 것이라는 전망이 우세하다. 여기에 베트남 내부적으로 증시 변동성을 키웠던 대출 목표치 하향, 물가 안정 조치, 은행 건전성 개선 조치 등의 정책들은 베트남 경제의 질적 성장을 도모할 것이라는 분석이다. 베트남 경제 성장률 역시 6~7%대의 성장세가 유지되고 있는 만큼 신흥국 내에서는 압도적인 우위를 차지할 것이라는 진단이다.

베트남 시장의 성장 원동력은 GDP 성장률이다. 베트남 GDP 성장률은 최근 6년간 6% 후반대를 기록했고, 2018년에는 7.08%를 기록했다. 여기에 베트남 정부는 민간 기업의 GDP 기여율을 2018년 43%에서 2019년 50%로 끌어올릴 계획이다. 성장 가능성이 높은 공기업들을 상장시켜 새 자금이 공급되게 한다는 것이다. 저평가 매력이 부각된 점도 추가 상승에 힘을 실어주고 있다. 현재 주가수익비율(PER)이 19배 수준인 베트남 증시는 주변 아시아 신흥국 중 인도네시아(23배), 필리핀(24배) 대비 낮은 수준에 머물러 있어 투자 매력이 있다. 물가 상승률은 4%대로 신흥 시장 평균보다 안정적이란 점도 장점이다.

전체적으로 베트남 주식 투자 매력도에는 의심의 여지가 없어 보인다. 특히 이에 대한 정확한 답을 찾기 위해서는 단기 시장 상황에 매몰되기보다는 장기 추세 분석이 필요한데, 코트라 베트남 현지 무역관의 2018년 증시 분석에 대한 코멘트를 참고할 만하다. 2018년 증시 하락장세 연출이 한창일 때 코트라 호찌민 무역관은 지난 10년간의 베트남 경제지표를 종합 시계열 분석한 결과 현재 베트남 경제는 지난 2008년 때와는 경제의 기본 체력과 규모가 달라졌다고 분석했다. 모든 면에서 더 튼실해졌고 향후 베트남이 지속 발전할 것이라고 전망했다.

우리나라의 증시 종합주가지수의 역사적 변화 장기 추세를 살펴보는 것도 좋은 참고가 된다. 1990년대 초 500이던 한국 코스피 지수는 2019년 현재 2,100~2,200지수대를 형성하고 있다. 최고값은 2,607.10을 기록한 바 있다. 1990년대 중후반 대비 20년 만에 5배 이상 지수가 상승했다는 것을 보여준다. 단기적으로 하락하기도 했고 특히 IMF 시절인 1997년, 1998년 그리고 글로벌 금융 위기 시절인 2008년 급락하기도 했지만 결과적으로는 장기 상승 곡선을 그렸다.

베트남의 현재 경제 수준은 과거 한국의 1980년대 또는 1990년대 수준이라고 통상 얘기한다. 이것을 그대로 한국의 역사 상황과 비교해 생각하면 베트남 증시는 장기적으로는 VN 지수가 상승 곡선을 계속 그릴 것으로 예측할 수 있다. 다만 단기 하락 또는 급락장세가 어떤 사건에 의해 올 수 있다는 가능성을 배제할 수 없다는 점은 유념할 부분이다.

베트남 경제에 약점이 없는 것은 아니다. 가장 우려되는 부분은 외국인 투자 의존도가 높다는 점이다. 베트남 총 수출의 약 70%는 FDI 기업이 점유하고 있고 대외 무역 의존도는 약 197%다. 향후 베트남 경제의 대외 의존도는 보다 심화될 것으로 판단된다.

이와 관련해 베트남 경제 전문가들은 '자전거 페달론'을 얘기한다. 자전거는 페달을 계속 밟아 돌리면 잘 굴러가지만 페달을 돌리지 않거나 어떤 장애물로 인해 자전거가 멈추면 쓰러질 수 있다는 이론이다.

이는 자전거를 굴리는 동력이 강할 때는 잘 굴러가지만 동력을 상실할 경우 자전거는 한순간에 쓰러질 수 있다. 결국 베트남은 현재 양호한 동력으로 잘 굴러가고 있으며, 적당한 시점이 되면 강력한 오토바이 엔진(동력)으로 전환될 가능성이 상당히 높다. 다만, 베트남 내외부에 큰 충격이 가해져 자전거가 일시 멈출 수 있는 가능성에는 항상 대비해야 할 것으로 판단된다.

03

투자 유망 업종 및 종목은 무엇일까

주식 투자는 시대 변화를 미리 보고 앞서 투자하면 성공한다. 지금 현재 이 시각 빠르게 변화하는 사회·경제 트렌드를 조금만 일찍 보고 투자하면 역시 성공한다. 한국이 지나온 길을 참고해 베트남 현재 시장 변화 추세를 조사 및 연구하면 보다 손쉬운 성공 투자 방향을 정할 수 있다. 그럼 한국의 과거 변화 추세를 참고해 볼 때 베트남 증시에서 유망한 투자 업종과 종목은 무엇인가?

건설·부동산

베트남은 지금 부동산 경기가 호조세를 보이고 있다. 또한 외국인 투자 규제 완화로 부동산 투자 규모가 계속 증가하고 있다. 베트남 정부가 전국에서 인프라 및 신도시 개발 계획을 진행하고 있어 앞으로 부동산·건설 업종은 지속적인 수혜가 예상된다.

베트남의 주요 부동산 개발 업체인 '빈그룹'과 '노바랜드' 등 부동산 개발 업체들이 증시에서 주목받는 것은 바로 이 때문이다. 이들은 베트남 주요 도시(호찌민시, 하노이시)의 부동산 가격 상승 수혜를 받고 있다. 부동산 시장이 강세를 보이고 있는 가운데 베트남 주식 시장에서 부동산 섹터의 영향력도 강화되고 있다. 베트남 주거용 부동산 가격이 높은 수준을 유지하고 있지만 아직까지 가격 상승 여력이 남아 있다. 그 배경으로는 먼저 도시화 비율 상승이다. 현재 약 40%인 도시화 비율을 2020년 45%로 끌어올린다는 게 정부 목표다. 그다음으로 가계소득 증가에 따른 주택 보유율 상승 가능성이다. 그리고 외국인 투자 증가 및 도시 인프라 개발 가속화 등을 꼽을 수 있다.

베트남 전체 700여 개의 상장 종목 가운데 시총 1위를 기록하고 있는 빈그룹은 2010년대 들어 사업을 확대하면서 기존 부동산 사업뿐 아니라 관광·리테일·산업재 등에도 대규모 투자를 단행했다. 교육·의료·소매·호텔 등에 진출해 빈펄(휴양지)·빈홈(아파트)·빈콤(리테일)·빈멕(병원)·빈스쿨(학교)·빈마트(마트와 편의점) 등 부문별로 독자 브랜드를 구축했다. 최근에는 자동차와 스마트폰 생산 사업을 시작해 빈그룹에 대한 기대가 커지고 있다. 호찌민과 하노이 지역 시장 점유율은 쇼핑몰 운영과 상가 임대 60%, 소비재 유통 50%, 관광 서비스 37%, 사회 인프라 개발 20% 등 상대적으로 높은 수준이다.

건설 업체 DIC그룹도 주목할 만한 기업이다. 붕따우 지역을 중심으로 주요 개발 프로젝트들을 시행하고 시공 및 분양하면서 무섭게 성장하고 있다. 증시에서는 빈그룹과 노바랜드에 가려 크게 주목을 받지 못하면서 현재 저평가되어 있는데, 숨은 우량 종목이라고 할 수 있다.

내수 소비재

베트남에는 젊은 인구가 많고 소비 성향도 높아서 소비재 업종도 강세를 보일 것으로 전망된다. 소득 성장에 따른 내수 소비도 지속적으로 증가할 전망이다. 1억에 가까운 인구와 가계소득의 증가가 필수 소비재 산업의 성장을 이끌고 있다.

베트남 유제품 업체 비나밀크는 우유, 분유 등 200여 개의 품목을 다양하게 생산하고 있다. 한국, 일본, 미국 등 40개국으로 수출되고 있고, 해외 공장 설립, 해외 동종 업체 인수 등으로 사업을 확대해 수익 증가세가 지속될 것으로 보인다. 전통적으로 증시에서 가장 주목을 받은 기업 중 하나다.

관광·여행

베트남 하노이, 호찌민은 물론 다낭, 냐짱, 하롱베이, 푸꾸옥, 붕따우 등 주요 도시와 관광지에 외국인들이 넘친다. 베트남 현지 사람들도 소득이 개선되면서 베트남 국내 및 해외여행 수요가 증가하고 있다. 따라서 항공 운송, 관광 업종은 수혜가 예상된다.

여기서 비엣젯항공사가 주목을 받고 있다. 베트남 주식 시장에 상장되어 있는 유일한 저가항공사이기 때문이다. 민영 기업인데 인기가 높아서 빠른 속도로 성장하며 국내선 시장 점유율은 40%를 넘고 있다. 지리적으로 베트남은 세로로 길어서 하노이에서 호찌민까지 거리는 1,700km가 넘는다. 버스로 40시간, 기차로 30시간이 걸린다. 그러나 항공편을 이용하면 2시간이어서 많은 사람들이 저가항공을 이용하고 있다. 게다가 비엣젯이 제공하는 가격이 버스나 기차표보다 더 저렴해서 이용자가 늘어나고 있다. 최근 3년 비엣젯의 평균 순익 증가율은 100%로 매우 높다. 최근에는 국제 유가가 낮아져 비용 절감 효과도 거두고 있고 100대의 항공기를 매입해 2025년까지 국내선 증편과 국제선 개발을 하겠다는 계획이어서 꾸준한 성장세가 예상된다.

금융·보험·IT

금융 시장 확대 및 수요 증대 그리고 건강에 대한 관심이 높아지면서 금융 및 보험 업종도 괜찮을 것으로 예상된다. 보험 업종에서는 바오비엣홀딩스가 관심을 받고 있고 금융으로는 HDB뱅크, IT 소프트웨어로는 에프피티가 주목할 만하다.

HDB뱅크(호찌민시개발상업은행)는 1989년 설립돼 현재 240개 지점에서 약 500만 명의 고객에 대출, 외환 등의 서비스를 제공하고 있다. HDB뱅크의 2018~2020년 평균 수익 증가율 목표치는 37%며, 재무 건전성이 높고 낮은 부실 대출 비율(1.1%)을 유지하고 있다는 점에서 경쟁력이 있다는 평가다.

에프피티는 베트남 최대 소프트웨어그룹으로 통신기기 판매, 소프트웨어 개발, 인터넷 서비스, TV 프로그램 제작 등 다양한 사업을 동시에 진행하고 있다. 업계 최초로 싱가포르, 미얀마에 지사를 설립하고 일본과 말레이시아 법인도 운영하고 있다. 에프피티의 경우 외국인 보유율 한도를 49%로 정해놓고 있어 매수가 어려울 수도 있다. 일반적으로 투자 인기가 좋아 외국인 보유 한도율에 도달하면 매도 물량이 나올 때까지 기다려야 하는 경우가 많다.

04

베트남 주식 투자 방식

투자 방법

베트남 증권거래소는 호찌민과 하노이 이렇게 두 군데가 있다. 우리나라는 서울 여의도에 소재하고 있는 한국거래소가 있지만 시장은 코스피 시장과 코스닥 시장으로 구분되어 있는데 베트남은 장소도 다르고 시장도 다르다고 이해하는 것이 맞을 것 같다. 한국의 코스피 지수에 해당하는 베트남 호찌민거래소는 VN 지수라고 한다. 주로 한국인들이 관심을 갖고 투자하는 시장은 VN 지수 시장이다. 대형 우량주 위주로 시장이 형성되어 있어 한국을 비롯한 외국인들은 주로 베트남 주식 투자를 할 때 이 호찌민거래소의 VN 지수를 중심으로 투자를 하고 있다. 이것 외에 베트남에는 중소형주들이 상장된 하노이거래소가 있다. 우리나라로 치면 코스닥 시장인 셈이다. 하노이거래소 증시는 'HNX 지수'라고 칭한다. 이 하노이거래소는 2017년 34%가량 상승하며 세계에서 가장 높은 성장률을 기록하기도 했다. 현재 베트남에는 한국투자증권을 비롯해 미래에셋대우와 NH투자증권 등이 진출해 있어서 이들 지점 또는 국내 지점 방문을 통해 계좌를 개설하면 언제든 베트남 주식 투자를 할 수가 있다.

베트남 주식 투자를 구체적으로 실행하는 방법은 크게 보면 두 가지 방법이 있다. 간접적으로는 베트남 투자 펀드에 가입하는 방법이 있고, 직접적으로는 개별 종목에 직접 투자하는 방법이 있다. 먼저 펀드 투자를 위해서는 한국 자산운용사들이 선정한 베트남 펀드에 가입하거나 상장지수ETF 투자ETF 등을 통해 하는 방법이 있다. 직접 상장 종목 기업을 매수하기 위해서는 베트남 현지에 지점을 개설한 증권사 또는 현지 지점이 있는 국내 증권사 지점을 방문해 자신의 증권 계좌를 개설하면 직접 주식 거래를 할 수가 있다. 국내 증권사들이 최근에는 베트남 주식 온라인 매매 서비스를 시작해서 홈 트레이딩 시스템(HTS)을 이용해 베트남 주식을 안방에서도 사고팔 수 있고 모바일 시대를 맞아 스마트폰으로도 거래를 할 수 있게 됐다.

국내 증권사에 자신의 증권 계좌를 만든 뒤 홈 트레이딩 시스템을 이용하면 호찌민거래소와 하노이거래소의 종목을 확인할 수 있고, 매매를 손쉽게 할 수 있다. 다만 일반 기업의 경우 49%, 금융 종목은 30%라는 외국인 소유 지분 제한 한도율이 있다. 투자 인기가 좋아 외국인 보유 한도율에 도달한 기업의 경우는 타인이 매도할 때까지 기다려야 하는 경우도 있다. 앞으로 외국인 보유 한도율은 점차 풀릴 전망이다. 호찌민거래소의 경우 최소 주문 단위가 10주이고, 하노이거래소는 최소 주문 단위가 100주라는 점도 유념해야 한다.

베트남 증권거래소

- 호찌민거래소(VN 지수): 한국의 코스피와 같이 대량 우량 기업 상장

- 하노이거래소(HNX 지수): 한국의 코스닥과 같이 중소형 기업 상장

베트남 주식 투자 방법

- 베트남 펀드 가입

- 베트남 상장지수ETF(KINDEX베트남VN30) 투자

- 직접 투자(개별 종목 직접 매매)

베트남 온라인 주식 거래 가능 국내 증권사

- 한국투자증권, 미래에셋대우, 삼성증권, 신한금융투자, NH투자증권, KB증권

- 국내 지점 또는 베트남 현지 지점 방문해 증권계좌 개설 후 거래 가능

투자 수수료 및 세금

우리나라는 대주주가 아닌 일반 개인 투자자인 경우 상장주식 거래 시 0.15%의 증권 거래세 외에 별도의 양도소득세를 납부하지 않는다. 베트남의 경우는 유가증권 양도 시 양도가액의 0.1%를 세금으로 납부하게 된다. 한국의 증권 거래세와 유사한 개념으로 이해하면 된다. 이외에 증권사마다 다르겠지만 통상적으로 0.25%의 증권사 중개 수수료도 발생한다. 예를 들어 1천만 원을 투자해 베트남 A사 주식을 취득 후 3천만 원에 매도하게 되면 양도가액, 즉 3천만 원의 0.1%인 3만 원의 세금을 납부해야 한다. 여기에 매수할 때와 매도할 때 각각 0.25%의 증권사 거래 수수료가 발생해서 15만 원을 추가로 부담해야 한다.

아울러 해외 주식의 경우 250만 원을 넘는 초과 매매 차익에 대해 양도소득세 20%가 부과된다. 여기에 주민세를 포함하면 결국 22%의 세금을 내야 한다. 예컨대 베트남 주식 A를 통해 500만 원의 수익을 얻고 베트남 주식 B에서 200만 원의 손실을 봤다면, 총 300만 원의 매매 차익에 대한 양도소득세와 주민세를 내야 한다. 또한 배당소득에는 약 14% 세금이 붙고, 다른 금융소득과 더해 연간 2천만 원을 넘으면 금융소득 종합과세 대상에 포함된다.

베트남 주식 투자에서는 환율도 중요하다. 베트남의 경우 원화에서 달러, 다시 달러에서 동화로 이중 환전이 이뤄지기 때문에 통상 투자 실행을 정확히 맞추려면 적어도 2~3일 전 미리 환전을 해놓는 것이 좋다. 또한 환차손익도 잘 따져봐야 한다. 매매 차익이 나더라도 환차손이 발행하면 사실상 수익이 없거나 크게 줄어든 셈이 되기 때문이다. 환전 후 매매해야 하는 해외 주식 특성상 환전 수수료도 고려해야 한다.

05

주식 투자 체크 포인트

국내 증시도 그렇지만 베트남 주식 투자에는 항시 위협 요인이 존재한다. 국제적으로 이미 문제가 되고 있는 미·중 무역 분쟁과 미국의 금리 인상 외에 국제 유가 하락과 베트남 통화 가치 하락 가능성 그리고 베트남 정책 금리 인상 등은 증시에 리스크 요인이다. 특히 국제 유가 약세는 원유 수출 기업 실적 부진과 신흥국 증시 전반에 대한 회피 심리를 자극해 베트남 증시에는 악재 요소다. 국제 유가 약세는 결국 수출 경쟁력 확보 차원에서 베트남 통화 가치 하락으로도 이어질 가능성이 있어 예의 주시해야 하는 내용이다. 다만 10년 전 금리 상승, 기업 실적 부진, 물가 불안정 등으로 베트남 증시가 폭락했다면, 지금은 제조업 지표와 기업 실적이 좋고 물가, 금리 등 대부분 요인이 양호하며 지속적으로 좋은 흐름을 보여주고 있어 크게 걱정할 요소는 적다.

2019년 현재 체크해야 하는 베트남 증시 리스크는 국제 유가,

환율, 금리 등 3가지다. 먼저 국제 유가는 작년보다 낮은 수준으로 내려가 있어 앞으로 베트남의 원유 수출액이 감소할 것이며, 이에 따라 베트남 정부의 재정 수입이 축소될 우려가 있다. 유가 약세는 앞서 언급한 대로 원유 수출 관련 기업의 실적 부진과 이머징 증시 전반에 대한 회피 심리를 자극할 수 있어 VN 지수에 부정적인 영향을 미칠 수 있다.

환율은 미·중 무역 협정 진행 과정에서 중국 위안화가 절하되면 베트남 통화 가치도 하락할 가능성이 높다. 전체적으로 2019년 베트남 동화 가치는 약 2.5% 하락할 것이라는 전망이 우세하다. 끝으로 미국 금리 인상으로 베트남 시장 금리도 최근 상승 압력이 높아지면서 베트남 중앙은행이 정책 금리를 인상할 우려가 있다. 이러한 리스크 요인들을 점검하며 베트남 주식에 투자를 한다면 성공에 한 걸음 더 다가갈 수 있을 것이다.

베트남 증시 긍정 요인

- 지속적인 경제 성장 및 소비 증대, 도시화율 증가
- 기업 실적 개선 및 공기업 민영화
- FTSE 신흥국 지수에 베트남 증시 편입 가능성
- 상장 기업 증가 및 외국인 자금 지속 유입 증대
- 베트남 국민 주식 투자 인구 증가

베트남 증시 리스크 요인

– 미·중 무역 분쟁 및 미국 금리 인상

– 국제 유가 하락세

– 환율 상승 및 금리 인상 우려

– 과도한 외국인 투자 의존 경제

CHAPTER
6

—

베트남에서
성공하기 위한
노하우

01

베트남 사업 성공의 마법

"베트남이나 해외에 가서 무슨 사업을 어떻게 하면 성공할 수 있습니까?"라는 질문을 최근 많이 받는다. 그러면 주로 다음과 같이 대답한다.

"성급하게 서두르지 말고, 처음부터 대규모 사업에 투자하지 말고, 투자를 실행하기 전 해당 업종에 대한 철저한 사전 시장 조사와 정보 수집 그리고 충분한 예비 사업 타당성 검토를 한 후 진출 여부를 결정하세요."

"국내에서 오랫동안 종사했거나 경험이 많은 사업을 현지에 가서 하십시오."

"현지인이 따라올 수 없는 차별 우위의 첨단 기술, 특허, 한류, 기타 자기만의 노하우가 있는 사업이거나 현지 토종 기업들에게 경쟁을 불허할 만큼 거대 자본을 투입하는 사업에 투자하세요."

그런데 다시 생각해보면, 이런 답변들은 뭔가 의례적이라는 느낌이 든다. 이런 찜찜함이 있을 때 질문자가 "말씀하신 대로만 따라하면 베트남에서 정말 성공할 수 있습니까? 성공을 보장할 수 있습니까?" 하고 재차 물어오면 필자의 대답은 '아니오' 다. 진짜 중요한 요소가 한 가지 빠졌기 때문이다.

"나는 당신을 배신할 수 없었다."

이 말은 7년간의 호찌민 지사 주재 근무를 마치고, 귀국 직전 베트남 사람들과 가진 송별회 자리에서 5년 넘게 같이 근무했던 현지인 K매니저가 필자에게 던진 말이다. K매니저의 말은 그 당시 농담 반 진담 반 우스갯소리로 '시중에 외국인 지갑은 먼저 본 사람이 임자', '외국인하고 같이 일해서 3년 안에 부자 못 되면 바보' 라는 유행어가 돌고 있는데, 정작 본인은 "5년 동안이나 같이 일하면서 부자가 못 됐다"는 너스레였다. 그런데 그가 그동안 그 말을 하지 않고 있다가 필자의 귀국 직전에서야 토해낸 '배신할 수 없었던 이유' 는 의외로 단순했다.

K의 직계 가족과 친척의 경조사를 챙겼다거나, 시도 때도 없이 K집에 방문해 조카들에게 초코파이 한 상자를 선물하고 가는 일이 많았고, 회사에서 점심 식사 때 외국인 지사장이라고 따로 먹지 않고 베트남인들과 한 상에 둘러앉아 밥을 먹었다거나, 회사 회식을 자주 했다거나, 봉따우로 MT를 함께 갔던 일 등 매우 일상적이고 단순한 일들이 반복된 결과였다. 다시 말해 K의 부모형

제 및 일가친척들을 모두 알게 됐고 한 가족처럼 소통하는 관계가 돼버렸다는 것이다. 그래서 당시 '외국인은 봉, 외국인 지갑은 먼저 본 사람이 임자'라는 말이 유행하고 있음에도 불구하고 이른바 '봉'으로 보거나 배신하지 않았다는 설명이었다.

그 현지 매니저는 외국인이 베트남에 진출할 때부터 그렇게 하면(가족처럼 대하면) '베트남 사람을 내 사람으로 만들 수 있고, 그것이 첫 단추를 잘 꿰는 베트남 사업 성공의 마법'이라고 베트남을 곧 떠날 필자에게 조언해줬다. 베트남에서 성공한 한국 기업들을 살펴보면 K매니저의 조언이 일리가 있어 보인다. 즉 베트남에 진출한 외투 기업이 현지인과 소통을 잘하고 노사 화합에 성공하면 경영 성과도 좋게 나타난다는 것이다.

대표적인 사례로 '태광비나'가 베트남 내 외국인 기업 노사 관계 대표 우수 기업으로 선정(2017년 10월 응웬 쑤언 푹 총리 축하 방문)됐는데 이것은 관리 현지화를 통한 현지인 관리자, 임원 육성 및 유치원, 사내 병원, 직원 전용 마트 등 복지 시설 운영, '지역 사회와 함께, 종업원과 함께 발전하는 기업'을 지향했기 때문인 것으로 판단된다. 그리고 '코스틸 비나' 역시 베트남 내 외국인 기업 중 노사 화합 우수 기업으로 선정(2018년 4월)돼 베트남 정부로부터 인증서를 받았고, 2010년부터는 5년 연속 '노사 화합 우수 기업'으로 선정된 바 있다. 이것은 '상생의 노사 문화'를 모범적으로 실천해 현지 정부로부터 인정받은 좋은 사례라고 생각한다.

베트남 내 외국인 투자 기업 중 최대 수출 업체인 삼성전자의 경우도 빼놓을 수 없다. 베트남 대학생들로부터 가장 취업하고 싶은 기업으로 선정된 삼성전자(임직원 약 16만 명)는 베트남에서 만든 스마트폰의 절반을 전 세계 120여 국에 수출한다. 삼성전자 베트남 법인의 수출액은 베트남 전체 수출의 1/4에 육박하는 규모다.

삼성전자가 이 같은 성과를 낼 수 있었던 배경에는 사회 공헌 활동이 큰 역할을 했다. 대학교 장학금과 인턴십 신설, 지역 행사 후원, 기능 올림픽 후원, 헌혈 캠페인 등 여러 가지 사회 공헌 프로그램을 운영하고 있다. 그 결과 베트남 내 삼성의 브랜드 가치가 서서히 높아졌고, 2016년에는 베트남 공과 계열 대학생들이 가장 일하고 싶은 기업 1위에 선정됐다.

지난 1995년 베트남 흐잉옌에 공장을 세우며 TV와 스마트폰, 세탁기 등을 생산하는 LG전자 역시 베트남 내 사회 공헌 활동에 적극적이다. 베트남 하이퐁에 IT 도서관을 기증하는 한편 장애를 가진 현지 청소년을 지원하는 프로그램을 꾸준히 운영하고 있다. 전문가들은 국내 기업들의 사회 공헌 활동이 단순한 시설 확충을 넘어 현지인들을 이해하고 문화를 공유할 수 있는 지역 사회 밀착형 개발로 나아가야 한다고 조언한다.

한편 베트남에서 성공을 일궈낸 소상공인이나 자영업자를 만

나보면 부인이 베트남 여성인 경우가 많은 것을 확인할 수 있다. 아마도 배우자를 통해 현지 사업 정보와 거래처 정보 등을 상대적으로 손쉽게 얻을 수 있다는 장점과 통역 등 무한대의 사업 협력을 받을 수 있다는 점에서 당연히 성공 확률이 올라갈 수밖에 없을 것으로 판단된다. 여기서 베트남 사업에 성공하고 싶으면 베트남인과 결혼하라는 결론이 도출되는데, 만약 그럴 수 없다면 베트남인을 가족화하고 동지화하라는 것이다.

베트남 사업에 있어서 '첫 단추를 잘 꿰는' 비결은 무슨 특별한 전략을 세우는 것이 아니라 바로 베트남 직원과 가족같이 동지같이 잘 지내는 것이다. 즉 베트남인들과 '문화 소통을 잘하는 것'이 경영 이론이나 사업 전략 이상으로 중요하다는 것은 많은 앞선 사례들이 증명하고 있다.

02

나는 당신이 어젯밤 한 일을 다 알고 있다

초대 코트라 호찌민 무역관 P관장은 베트남 관련 자서전에서 이런 내용을 소개했다. 어느 날 P관장이 베트남 고위 관료와 골프를 치게 됐는데 그 고위 관료가 "P관장, 한국에 잘 다녀오시오!"라고 말했다는 것이다. 잠깐 생각해보니 무심코 듣고 지나칠 말이 아니었다. 왜냐하면 P관장이 한국에 간다는 사실을 말해준 사람은 베트남에 아무도 없었기 때문이다. 곰곰이 생각해보니 베트남인 여비서를 통해 전화로 항공사에 항공티켓을 재확인했던 기억이 떠올랐다. P관장은 결국 그 여직원을 범인으로 의심할 수밖에 없었다.

필자도 비슷한 경험이 있다. 호찌민에 한국 기업인이 약 300명쯤 있던 베트남 개방 초기 시절, 오피스와 주거용 주택을 구하기가 어려워 호찌민 1군 시내 중심가 동코이거리에 근접한 A호텔에 방 2개짜리 스위트룸을 빌렸다. 방 하나는 주거용으로, 다른 방

하나는 사무실로 1년 4개월 정도 사용했다. 평소 가깝게 지내던 호찌민 인민위원회(Hochiminh People Committee) 소속 한국 담당관 H와 저녁 식사 자리가 있었는데, 그가 갑자기 "미스터 김, 축하합니다! 당신이 2등 했소"라고 말하는 것이었다. 필자가 '디 쩌이(Di Choi, 베트남어-외출하다/놀러가다) 부분' 호찌민 수재 한국 기업인 전체 2위를 했다는 설명이었다. 웃으며 넘어갔지만 말로만 듣던, 베트남 당국으로부터 감시당하고 있다는 소문을 직접 확인한 순간이었다.

호텔 거주자(외국인)의 경우 호텔 종업원들이 24시간 근무하기 때문에 일반주택 거주자(외국인)보다 비교적 감시가 수월했을 것으로 추측된다. 이후 40세 전후로 추측되고 얼굴에서 미소를 찾기 어려웠던 A호텔 프론트 데스크 매니저가 공안(보안경찰)이라는 말도 들렸는데, 살펴볼수록 그것이 사실일 수도 있겠다는 생각이 들기도 했다. A호텔이 베트남 국영 기업 소유인데다가, 가령 필자가 호텔 정문을 나서거나 외출했다 들어올 때 눈인사를 하자마자 바로 컴퓨터에 무언가 입력하는 모습을 자주 볼 수 있었기 때문이다. 베트남 개방 초기 현지 주재원들 사이에는 '외국인들의 사생활이나 업무 내용을 당국자가 모두 다 알고 있다', 즉 '(외국인인) 당신이 어젯밤 한 일을 다 알고 있다'는 이야기는 공공연한 비밀이었다. 그래서 우스갯소리로 "중요한 장소나 접대 자리에 갈 때는 기사(승용차)를 일찍 귀가시키고 택시나 삼륜 택시인 씨클로를 몇 번 갈아타고 게릴라식으로 가라"는 매뉴얼이 족보처럼 전해졌다. 심지어 개혁 정책인 '도이머이' 시행 초기인 1987년에는 베트남인들에게 '외국인과 길거리에서 마주치더라도 세 마디 이상 대화 금지' 또는 '외국인과 대화할 경우 공안 부서에 내용 신고' 또는 '외국인과 현지인이 대화를 하면 담당 공안이 달려와 대화 내용을 확인하더라', ' 베트남 방문 정식 비자를 받고 호찌민이나 하노이에 입국하더라도 지방을 방문하려면 별도의 허가를 다시 받아야 한다' 등의 소문이 파다했다. 이처럼 당시에는 운전사, 식모, 직원 등 외투 기업 소속 내부인이 정보원 역할을 한다거나, 외국인 VIP나 외국의 주요 인사들의 베트남 방문 시 회의 내용을 녹취한다거나, 외국인에 대해 북한의 5호담당제 같은 보안시스템이 작동하고 있다는 등의 소문이 무성했다.

이 모든 내용을 사실로 직접 확인한 것은 아니지만 베트남의 경우 자본주의 경제 체제를 도입했어도 정치적으로는 사회주의 국가라는 점을 잊지 말고 투자와 사업에 있어서 늘 말과 행동을 조심할 필요가 있다.

03

공단 입주는 잘 비교하고 선택하라

베트남 내 주요 공단 후보지

공장 이전과 입지 선정 문제는 최근 국내 제조업 기업인들이 가장 많이 문의하고 고민하는 문제다. 코트라 호찌민 무역관에 따르면 일 년에 약 1,400건 정도의 공장 이전·입지 선정 상담 문의가 들어온다고 한다. 현재 베트남 전국에는 약 350여 개의 산업·공업 단지가 운영되고 있는데 주로 하노이와 다낭, 호찌민 지역에 몰려 있다. 예를 들면 하노이 인근에는 박닌, 하이퐁, 하이즘, 닌빈, 타이웡 지역에 공단이 많고, 다낭 지역은 다낭, 광남, 광하이, 빈딘에, 호찌민 인근은 빈증, 동나이, 롱안, 붕따우 지역에 공단이 많이 몰려 있다.

베트남 북부, 중부, 남부 지역별 장·단점

베트남이 1986년에 개혁·개방 정책을 시행한 이후 초기에는 FDI, 즉 외국인직접투자 기업들이 주로 과거 사이공이었던 호찌민과 인근 동나이성과 빈증성 등 남부 지역에 집중 투자하고 진출했다. 그래서 호찌민과 남부 지역에 많은 외국계 제조 공장들이 입주한 결과 호찌민과 남부 지역은 빠르게 발전하는 지역이라는 장점이 있지만 다른 지역에 비해 상대적으로 공장부지 가격이 비싸며, 종업원 구하기가 어렵고 월급을 조금만 더 주면 다른 공장으로 옮겨가는 등 이직률이 높다.

또 노사 분규 빈도수도 높다는 단점이 있다. 하노이와 북부 지역은 호찌민과 남부 지역에 비해 근생 시설이나 도시 인프라 발전이 미흡하다는 단점이 있지만 상대적으로 남부 지역보다 공장부지 가격이 저렴하고 종업원 구하기가 쉽다. 또 노사 분규도 적고 근로 마인드도 좋은 것으로 알려져 있다. 다낭 등 중부 지역은 공장부지 가격과 인건비가 북부, 남부보다 저렴하고 직원을 구하기도 가장 수월하다. 하지만 근생 시설이나 도시 인프라가 가장 낙후돼 있다.

정부 공단, 민간 공단, 개인 공장, 종류별 장단점

베트남의 산업공단은 크게 베트남 정부나 국영 기업이 조성한 공단과 외국인 투자 기업이나 베트남 민간 기업이 설립한 공단, 이렇게 두 가지다. 공단 안에 부지를 구입해 공장을 이전하는 방안과 공단이 아닌 개별 공장부지를 구입해 공장을 이전 설립하는 경우가 있다. 가장 중요한 점은 공단 안에 들어가면 공단관리사무소에서 외투 법인 설립 인허가부터 공장 설계, 공장 건축, 공장 운영, 전기·상하수도, 폐수 처리 시설 사용, 이웃 입주 기업인과의 정보교환, 유대관계 등 많은 지원을 받을 수 있다는 점이 장점이다.

반면 공단 외부보다 땅값이 비싸고 관리비 등 부대 비용이 들어간다는 점이 단점이다. 공단 외부 개별 공장부지에 공장을 이전할 경우에는 땅값이 상대적으로 저렴하고 공단 관리비 등 부대 비용이 들지 않는다는 장점이 있다. 반면 외투 법인 인허가, 공장 설계, 공장 건축, 전기, 상하수도, 폐수 처리 시설 등의 공장 인프라를 스스로 해결해야 하는 단점이 있다. 중소기업은 적당한 입지의 공단을 선정해서 공단 내부로 입주하고 대기업은 별도의 개별 공장부지를 구해 공장을 설립하는 방안을 추천하고 싶다.

공장 지역 및 공단 선택 시 업종별 고려 요소

공장 이전과 공장 입지 선정의 전략적 선택 방안은 매우 많겠지만 가장 중요한 요소는 '부품·원부자재를 공급받기에 좋은 입지인지'와 최종 완성 제품을 납품할 주문처나 판매할 소비 시장과의 접근성이 좋은지를 가장 먼저 검토해야 한다.

또한 해당 공단부지 가격의 적정성과 토지 사용권의 잔존 연수, 기타 입주 조건을 고려해 해당 공장 입지로서의 타당성이 가장 높은 곳을 선택해야 한다. 예를 들면 주문 납품처와의 거리와 도로 및 철도 사정, 대도시 소비 시장과의 거리, 항구와의 거리 등을 따져봐야 할 것이다.

각 공단마다 공단 토지 사용료를 베트남 정부에 일시 납부를 한 공단도 있고, 매년 연납을 하고 있는 공단이 있다. 이 부분은 초기 투자 자금이 충분하지 않을 경우 토지(공장부지) 담보로 대출을 받으려고 계획하는 기업은 반드시 공단 토지 사용료를 일시납으로 납부 완료한 공단을 선택해서 입주해야 공장 토지를 담보로 대출을 받을 수 있다는 점을 유의해야 한다. 여기에 이익이 처음부터 많이 발생할 가능성이 높아 법인세 등 절세 전략이 필요한 기업은 경제 특구 내의 공단 지역에 입주함으로써 법인세 면제 또는 감면, 기타 세금 우대 제도를 최대한 활용하는 것이 중요하다.

04

사업 미팅 시 분위기 띄우는 대화 주제

최근 한국과 베트남은 '박항서 감독의 축구 효과'로 하나가 되었다고 해도 과언이 아니다. 베트남 사업 진출과 투자 성공을 이끌기 위해서는 양국의 이런 공통 관심사를 잘 알고 생활 문화를 이해한 뒤 대화를 이어가는 것이 중요하다.

베트남도 원래 축구를 그렇게 좋아했을까

베트남의 축구 열기는 우리가 생각하는 것보다 훨씬 뜨겁다. 축구는 베트남에서 가장 사랑받고 인기가 높은 '국민 스포츠'인데, 베트남에서 축구는 말 그대로 문화이자 생활의 일부분이다. 베트남 노상 카페를 들르면 월드컵과 같은 국제 경기 시즌이 아니더라도 항상 TV 앞에 삼삼오오 모여 축구를 관람하는 모습을 쉽게 볼 수 있다.

특히 베트남의 라이벌인 태국과의 경기가 있는 날이면 거리의 식당, 호프집 등에 이루 말할 수 없는 응원 행렬이 이어진다. 베트남이 축구를 이렇게 좋아함에도 불구하고 박항서 감독 이전에는 국제 경기에서 이렇다 할 성과를 얻지 못한 것이 신기할 따름이다.

베트남인들에게 사랑받는 박항서 감독

베트남 현지에서 박항서 감독의 인기는 굉장하다. 2018년 1월 열렸던 아시아축구연맹 U-23 챔피언십에서 승리를 했을 때 베트남 사람들이 사진을 들고 오토바이 행진을 했는데, 위에는 베트남 영웅인 호찌민 주석 사진이, 아래엔 박항서 감독 사진이 있었다.

박항서 감독이 이렇게 베트남 사람들에게 사랑받는 이유가 베트남 사람들의 신체적 한계를 깨고 역대급 성적을 보여줬기 때문만은 아니다. 그의 인간적인 미가 베트남 국민의 마음을 움직였다. 박항서 감독은 선수들을 자식처럼 대하며 아끼는 모습을 늘 보여줬을 뿐만 아니라 U-23 결승전 이후 선수들에게 "우린 최선을 다했기 때문에 자부심을 가져도 된다. 절대 고개 숙이지 마라"라고 말하며 자긍심을 북돋아주었다. 그래서 베트남인과 비즈니스 미팅 시 박항서 감독 이야기가 나오면 대부분의 베트남 사람들은 먼저 '엄지척'을 하며 '박항서'를 외치고 밝게 웃는다.

　대부분의 베트남 사람들이 한국 사람을 만나면 박항서 감독의 경기와 그에 대해 꼭 이야기한다. 따라서 베트남 대표팀의 주요 경기를 보고, 대화를 시도한다면 얼마든지 쉽게 대화를 이어가고 거리를 좁힐 수 있다.

베트남인이 좋아하는 다른 스포츠는?

베트남의 제1 스포츠가 '축구' 이긴 하지만, 축구 외에도 베트남 사람들은 테니스, 배드민턴, 배구, 수영 등을 좋아한다. 우리나라 사람들이 '골프' 에 관심이 많다면 베트남 사람들은 '테니스' 에 관심이 더 많고 대중적이다.

　물론 현재 상류층에서는 '골프' 에 대한 관심이 점점 증가하고 있다. 베트남 사람들은 첫 만남에서는 스포츠에 관한 이야기보다는 가족이나 고향에 관한 이야기를 먼저 하며 서로를 알아간다. 그 이후 취미에 대한 이야기를 나누는 편이니 테니스나 골프 등의 이야기는 2~3번째 만남에서 하기를 권한다.

베트남에서 인기 있는 국내 연예인과 프로그램

한국에서 유명한 연예인, K-POP, 드라마는 베트남에서도 유명하다. 한국 드라마, 예능 등이 한국에서 방영되면 1주일 이내에 베트남에도 업데이트가 된다. 베트남 사람들은 과거부터 하얀 피부를 굉장히 선호하기 때문에 백옥 같은 피부를 가진 송중기, 송혜교 등이 베트남에서 많은 사랑을 받는다. 과거에는 배우 이영애가 인기가 좋았다. 베트남 사람들에게 하얀 피부는 미의 기준이다. 따라서 베트남 여성과는 한국 드라마, 뷰티 제품, 화이트닝 제품 등을 통해 공감대를 형성하면 쉽게 대화를 이어나갈 수 있다.

또한 전 세계적으로 인기를 얻고 있는 방탄소년단, 블랙핑크 등이 젊은 층에게 선망의 대상이 되고 있다. 사실 현재 베트남에서 한류를 이끌고 있는 사람은 연예인보다는 박항서 감독이다. 지금 박항서 감독의 파급력은 젊은 층을 넘어 전 국민에게까지 번져 그를 모르는 사람이 없을 정도다.

남성과는 축구, 테니스, 골프 등의 스포츠 관련 대화를 하는 것이 좋고, 특히 요즘 좋은 경기를 보여주고 있는 베트남 축구 대표팀에 대해 이야기하면 좋은 반응을 얻을 수 있다.

베트남인들의 놀이 여가 문화

베트남에는 카드놀이, 제기차기 등이 있다. 우리나라는 주로 명절에만 윷놀이나 제기차기를 하지만 베트남은 평소에도 카드놀이와 제기차기를 즐겨 한다. 특히 베트남 로컬 커피숍에 가면 카드놀이 하는 모습을 쉽게 볼 수 있다. 커피를 마시며 친구들과 카드놀이를 하는 것은 베트남 사람의 여가 생활이자 문화다.

이 밖에 카페에 앉아 해바라기씨를 먹으며 친구들과 여유롭게 대화하는 것 등이 있는데, 대부분의 모든 놀이와 여가 문화가 모두 커피와 함께한다는 특징이 있다.

05

사업 미팅 시 주의해야 하는 대화 주제

베트남전쟁 언급은 삼가라

베트남 사람들은 호찌민의 지도 아래 미국과의 전쟁에서 승리했다는 사실에 대단한 자부심을 가지고 있다. 일부 한국인들이 베트남 방문 시 과거 자신의 베트남전 참전 경력을 자랑 삼아 이야기하곤 하는데, 이는 절대로 해서는 안 될 행동이다.

베트남전의 격전지가 됐던 중부 지방의 일부 지역에는 한국군과 관련한 증오비가 여전히 남아 있다. 베트남 정부가 이를 직접적으로 언급하는 일은 없으나, 현지 언론사들이 한국의 베트남전 참전과 관련한 한국 기관이나 단체의 움직임을 간간이 전하고 있다.

북베트남에 의해 베트남이 통일된 이후 미국, 남베트남 편에 섰던 주요 인사들을 대상으로 강력한 재교육이 실시됐으며, 아직까지도 베트남전쟁 당시 북베트남에 반하는 행동을 한 내·외국인에 대해서는 여러 가지 제재 조치가 존재한다.

베트남전 고엽제 후유증 관련 언급도 주의

베트남전쟁 때 미군이 뿌린 고엽제를 맞은 많은 사람들은 암, 피부 질환, 두통 등의 후유증으로 고통받고 있다. 고엽제는 몸에 해로운 다이옥신이라는 성분이 들어있는데, 치사량이 0.15g이며, 청산가리의 1만 배, 비소의 3,000배에 이르는 독성이 있다.

이 독소는 분해되지 않고 체내에 축적되어 10~25년이 지난 후에도 각종 암과 신경계 손상을 일으키며 기형을 유발한다. 또 독성이 유전되어 2세에게도 피해를 끼치기 때문에 아직까지도 베트남 전 지역, 특히 중부 지역에는 장애를 가지고 태어나는 고엽제 피해자 2세대~3세대 아동의 수가 많다고 한다. 베트남전쟁에 참가한 우리나라 군인들 중에도 고엽제 후유증을 앓는 사람들이 많다. 베트남 정부는 법을 만들어 이들의 치료를 지원하고 있다. 우리 정부 또는 지자체들도 지원에 나서고 있는 상황이다. 이와 관련한 언급은 주의를 기울일 필요가 있다.

호찌민에 대한 비난은 금물

호찌민은 고등학교 시절 프랑스의 식민 지배에 저항하는 베트남 사람들을 도와주다가 학교를 그만둔 후 수십 년간 외국을 돌아다니며 독립운동을 펼쳤다. 이때 레닌의 제국주의론을 접하게 됐고, 국제 공산주의 조직의 지원을 이끌어낸다면 베트남의 독립을 가능케 할 수 있을 것이라 생각했다. 이후 프랑스와의 전쟁을 승리해 베트남의 실질적인 독립을 성취했으나 북베트남과 남베트남의 통일을 눈으로 보고 가지 못했다. 그는 생전에 매우 검소하고 소탈했고, 아이들을 무척 사랑했다고 알려져 있으며, 베트남 사람들은 그를 부를 때 '아저씨'라는 호칭을 써서 친근감을 표시하곤 한다.

베트남인들은 국부로 여기고 있는 호찌민의 시신을 특수 기술로 방부 처리해 하노이 바딘 광장에 안치했고, 현재까지도 베트남 학교 교육 과정에서 매우 중요시되는 인물이다. 하지만 호찌민이 이끌던 북베트남 출신의 사람들과 자본주의를 지향했던 남베트남 출신의 사람들은 호찌민에 대해 서로 조금 다른 생각을 가지고 있다. 호찌민에 대해 부정적인 발언을 하게 되면 정부의 제재를 받게 돼 베트남인들은 비판의 목소리를 내지는 않는다. 출신 지역에 따라 호찌민 주석에 대한 의견 편차가 있을 수 있지만 대체로 호찌민에 대해서는 호감을 표시하는 것이 좋다.

반중 감정 베트남, 중국 관련 발언 주의

베트남은 동남아에서 유일하게 유교 문화권에 속하고, 역사적으로도 중국의 영향을 크게 받은데다가 같은 사회주의 국가라고 해서 사람들은 막연히 베트남이 중국과 문화 면에서 상당히 유사하며 양국 관계 또한 친밀할 것이라 생각하기 쉽다. 하지만 베트남과 중국은 사회주의 이데올로기를 공유하고 있을 뿐 양국 간 관계는 전통적으로 좋은 편이 아니다.

베트남은 기원전 111년부터 938년까지 일부 기간을 제외하고 약 1,000년간 중국의 직접 지배를 받았으며 이 과정에서 많은 저항 운동이 일어났다. 또한 베트남전쟁 이후에도 캄보디아 문제 등으로 인해 중국과 전쟁을 하는 등 역사적으로 양국의 사이는 원만하지 않다는 점에 유의해야 한다. 특히 호앙사 군도와 쯔엉사 군도 인근 해역에서 중국과의 영유권 시비로 베트남 사회의 반중 감정이 고조되곤 한다. 호앙사 군도 주변은 석유 매장량이 많고 풍부한 어류로 수산업에 큰 영향을 미치는 곳이므로 양 국가 간의 분쟁은 옛날부터 지속돼왔다.

2014년 중국이 해당 지역에서 석유 시추를 추진하면서 베트남 국민의 반중 감정이 고조됐다. 호찌민시 근방의 공단에선 시위가 폭동으로 번져 흥분한 청년들이 중국계 공장에 불을 지르고 테러

를 단행할 정도였다. 뿐만 아니라 2015년에는 중국이 해당 해역
에 인공 섬을 조성하면서 여론이 더욱 악화됐다. 이와 같은 베트
남, 중국 양국의 긴장 관계는 정치, 사회, 경제 전반적으로 영향을
미치고 있다.

가난하지만 자존심이 강한 국민

베트남의 국민소득은 2008년에야 비로소 1,000달러를 넘어섰다.
베트남 사람들 스스로도 자신의 조국이 얼마 전 최빈국에서 탈출
했으며 아직도 선진국의 반열에 들지 못한다는 것을 잘 알고 있
다. 하지만 그렇다고 베트남인들을 깔보는 듯한 언행을 해서는 절
대로 안 된다. 특히 한국인들의 경우 베트남인 직원 등을 대할 때
하대하는 듯한 태도를 보일 때가 있어 각별한 주의가 요구된다.
베트남인들은 중국, 프랑스, 미국 등 강대국들과의 전쟁에서 승리
한 저항의 역사에 자긍심을 가지고 있다. 또 베트남인의 자존심이
나 감정을 크게 상하게 하는 일이 생기면 아무리 오랜 시간이 지
나도 관계가 다시 회복되기는 어려운 경우도 있다. 직원이 실수해
서 주의를 줄 때도 공개적인 곳에서 망신 주기 식 혼내기로 자존
심을 상하게 해서는 안 된다.

TIPS 여기서 잠깐!

현지 법인장들의 한 줄 팁

호찌민시 주민들은 유행에 민감하고 실용적인 것을 좋아하고, 하노이시 주민들은 프리미엄 제품을 선호하고 보수적인 성향이 있다. 베트남을 하나의 나라로 생각하기보다는 진출하려는 지역에 따라 규제와 문화, 트렌드 등이 각각 다르다는 점을 고려해 시장 세분화 전략을 짜는 게 좋다.

_장복상 CJ그룹 베트남지역본부 본부장

베트남 진출 기업들은 장기적인 관점에서 접근해야 한다. GS건설 같은 경우는 BT(Build Transfer) 사업을 통한 부동산 개발 사업을 위해 진출한 지 거의 10년이 되는 과정 동안 준비를 해왔고, 2018년에 들어서야 드디어 해당 사업을 할 수 있을 정도의 오랜 협상 과정을 거쳐왔다. 베트남 시장이 좋은 측면도 있지만 그 이면에는 상당한 리스크도 있다는 점에 특히 유의해야 한다.

_양승호 GS건설 베트남 법인장

베트남 진출 시 베트남 경제의 대외 의존도가 높은 만큼 대외 경제 상황을 주의 깊게 살펴야 한다. 베트남은 경제 지표에 있어서 모든 면에서 매우 안정된 방향으로 가고 있는 것은 틀림없는 사실이다. 철저한 준비 후 진출하는 것을 추천한다. 베트남 시장 소비자의 특성을 면밀하게 분석하고 진출하면, 베트남의 풍부한 내수 시장도 공략할 수 있을 것이다.

_윤주영 코트라 호찌민 무역관 관장

베트남 사업

베트남인의 국가관과 민족관, 조직 문화를 이해하고 사회 공헌 활동을 하라.
다양한 비용 처리 방식을 숙지하고 이를 잘 실행한다면
상당한 절세 효과를 거둘 수 있다.

베트남 부동산 투자

향후 5년~10년간 베트남 부동산 시장이 성장할 것으로 전망된다.
투자 금액이 적거나 신중한 투자자는 저가 아파트에,
투자 금액이 크고 공격적인 투자자는 고급 아파트에 투자하라.
붕따우, 호짬 등 베트남 중소도시 성장을 주목하라.

베트남 주식 투자

2019년 하반기부터 베트남 증시가 조정 국면을 마무리하고
반등할 것으로 예측된다.
부동산 · 건설 업종은 지속적인 수혜가 예상된다.

베트남 선점 투자,
대박에 이르는 길

"베트남 부동산에 지금 투자하면 너무 늦은 것 아닌가요? 가격이 많이 올랐다고 하던데요?" 최근 개최한 한국경제TV 부동산엑스포 및 K-VINA비즈센터 투자 세미나에서 가장 많이 받는 질문 중하나다.

K-VINA 주관 베트남 현지 산업시찰단 그리고 국내 기업인들을 위한 상담 행사 때는 다음과 같은 질문을 가장 많이 듣는다. "베트남 인건비가 가파르게 오르고 땅값도 계속 상승해 지금 베트남에 공장을 짓거나 사업 진출을 하면 너무 늦은 것 아닌가요? 베트남보다 발전이 늦은 다른 나라를 알아봐야 하는 것 아닌가요?"

우리들의 답은 간단명료하다.

"아직 늦지 않았습니다. 이제 시작입니다. 만약 늦었다고 생각되시면 지금 빨리 서두르시면 됩니다."

실제 베트남 정부가 외국인에게 부동산 투자를 개방한 지 올해로 4년밖에 되지 않았다(2015년 7월부터 외국인에 부동산 투자 개방). 외국인이 실제 투자를 단행한 시기는 채 3년이 되지 않는다. 개방 첫 해는 주로 관망했기 때문이다. 당시 고민하다 투자하지 않은 사람들은 지금 큰 후회를 하고 있다. 그러나 지금도 늦지 않았다. 아직 성장 초기 단계다. 현재 베트남 부동산은 과거 한국의 1980년대 정도로 보면 된다. 한국은 이후 약 40년간 부동산 시장이 지속 성장했다. 경제 위기를 겪은 한두 해 조정을 받았지만 긴 추세를 보면 계속 가격이 올랐다. 개인 소득은 물론 기업 가치, 대한민국 경제 자체가 지속 성장했기 때문이다. 베트남 역시 한국의 성장 궤도를 따라간다고 가정하면, 아직도 시작 단계임에 틀림없다.

그래서 우리는 "베트남의 대도약기를 선점하라"고 주장하고 있다. '선점'이라는 점을 꼭 강조하고 싶다. 선점 투자는 결국 향후 대박의 결과를 안겨다줄 것이다.

최근 베트남 현지에서 만난 한국대사관 공무원들을 비롯해 경제 단체 및 공기관, 민간 기업 임직원들은 한목소리로 "베트남은 여전히 기회의 땅"이라고 말한다.

김한용 주베트남한국상공인연합회(코참) 회장은 "현재 베트남은 인건비와 부동산값 그리고 각종 거주 비용이 오르고 있지만 아직도 동남아 다른 국가들에 비해 가장 투자 가치가 높고 성장 가능성이 높은 곳"이라면서 "자신의 봉제 공장을 다른 인접 동남아 국가로 옮길 생각도 해봤지만 베트남이 다른 국가들에 비해 월등히 생산성이 높고 품질 경쟁력이 있어서 결국 공장을 이전하지 않기로 했다"고 설명했다.

김기준 코트라 동남아대양주지역본부장은 "아세안 국가 전체를 계속 돌아다니며 시장 조사를 하고 정보를 제공하고 있는데, 왜 한국 기업들의 러시가 베트남으로 이뤄지고 있는지 확실히 알았다"면서 "베트남은 아세안 국가 중 우리 기업들이 진출하기 가장 좋은 환경"이라고 강조했다.

실제로 2019년 현재 베트남에 진출한 한국 기업 수가 8천 개를 넘었다. 2017년 6천 개, 2018년 7천 개였으니 2년 연속 1년에 1천 개 이상의 한국 기업이 베트남에 간 셈이다. 가히 폭발적인 진출이다.

물론 진출하고 투자한다고 모두가 성공하는 것은 아니다. 작년 어떤 한국 기업은 부도가 나서 대표가 야밤에 도주해 현지에서 논란이 되기도 했고, 기업 성장이 멈춰 올해 공장 전체를 매물로 내놓는 기업도 있고, 투자에 실패한 사람들도 많다. 현지 자영업 진출도 급격히 늘어 경쟁 심화로 문을 닫는 한식당들을 심심찮게 볼 수 있다. 주택 가격이 오르지 않는 곳도 있다. 무작정 부동산 값이 다 오르고 모든 기업이 현지에서 다 성공하는 것은 아니다. 그래서 철저한 준비와 현장 조사가 필요하다.

미중 무역 분쟁 격화 그리고 국내 경기 침체로 기업인들이 많이 힘들어 하고 있다. 투자자들도 국내에 투자할 상품이 없다고 아우성이다. 물론 국내 사정이 보다 나아지기를 바라지만 해외에서 돌파구를 찾아야 한다면 단연 '베트남'이라는 점을 다시 한 번 강조하고 싶다.

모쪼록 이 책이 베트남 진출 성공 가능성을 단 1%라도 높이는 데 기여하고, 투자 준비에 있어 단 한 사람에게라도 도움이 된다면 더할 나위 없이 기쁘겠다.

필자들은 대한민국과 베트남의 경제 발전 그리고 우리 기업의 성장, 투자자들의 성공을 위해 K-VINA비즈센터에서 열심히 일하며 이 책을 포함한 해외 투자 콘텐츠 업데이트에 계속 매진할 것을 약속드린다.

끝으로 해외 진출 관련 방송 보도로 고생이 많은 한국경제TV 문성필 기자, K-VINA비즈센터 업무 및 자료 정리로 애쓴 이수연 팀장 그리고 어려운 출판 여건 속에서도 흔쾌히 이 책을 출간해준 한경BP의 한경준 대표, 마현숙 부장에게 특별한 감사의 마음을 전한다.

부록

베트남 국가 개요 및 각종 지표

행정구역	5개의 중앙 직할시와 58개 성으로 구성
독립일	1945년 9월 2일
면적	약 33만 967㎢ (한반도의 약 1.5배), 남북: 1,700㎞, 해안선: 3,200㎞, 경지면적: 23%
기후	아열대(북부), 열대몬순(남부)
수도	하노이
인구	약 9,742만 명(2019년, 베트남 통계청)
주요 도시(인구)	하노이(758.8만 명), 호찌민(844.5만 명), 하이퐁(219만 명), 다낭(106.4만 명), 껀터(152만 명)
민족	비엣족(낑족, 전체 인구의 85.7%), 타이족, 화교(약 82만 명), 크메르족 등 54개 민족
공용어	베트남어
종교	종교 인구 약 2,400만 명 중 불교(45.8%), 가톨릭(27.1%), 개신교(6.3%), 기타(20.8%) 등
화폐 단위	베트남 동(Vietnamese Dong, VND로 표기)
기준 환율	23,056VND/USD(2019년 6월 12일, 베트남중앙은행)
GDP	베트남 GDP: $2,238억(세계 46위), 1인당 GDP: $2,587(2018)
시차	2시간 늦음(G.M.T+7시간)
외교 관계	185개국과 수교(200개국 무역, 약 80개국이 베트남에 투자)
한국과의 수교	1992년 12월 22일

사업 성공을 위한 '한 줄 꿀팁 50가지'

<u>01</u> 구체적 정보(공신력 있는 기관 정보)를 확보하라.

<u>02</u> 베트남을 너무 쉽게 보지 마라(베트남 역사를 공부하고 베트남 영화를 보라).

<u>03</u> 베트남에 진출한 친구, 지인의 말을 너무 믿지 마라(사업과 친분은 별개다).

<u>04</u> '2080/7030'은 자영업의 경우 20% 성공, 80% 실패 그리고 제조업의 경우 70% 성공, 30% 실패를 의미한다.

<u>05</u> 현지인과 함께 현지 문화를 즐겨라(호의는 받아들이고 늘 감사를 표시하라).

<u>06</u> 현지 직원과 일할 때 모든 절차를 투명하게 하라.

<u>07</u> 상황을 인지하고 있음을 인식시키고 더 큰 화를 불러일으키지 마라.

<u>08</u> 정경유착(알박기, 커미션도 문화)을 탓하기보다는 받아들여라.

<u>09</u> 정치·저소득·가난·전쟁·이념 등은 비즈니스 시 언급 금물!

<u>10</u> 중요한 내용은 문서(계약서 작성 시 서명·도장 필수)로 소통 및 보관하라.

<u>11</u> 협상 시 일부러 회신 지연할 때도 있으니 서두르지 마라(서두르면 주도권을 잃을 수 있음).

<u>12</u> 초기 대규모 투자는 지양하라(소액 투자 → 노하우 축적 → 단계적 사업 확대가 바람직하다).

<u>13</u> 약속 시간 보통 10~30분 늦는 경향이 있으니 느긋한 마음으로 사업하라.

<u>14</u> 거래처 방문은 오전에 하라(오후에는 외출 중일 때가 많다).

<u>15</u> 베트남 거래처 방문 시 차나 음식을 대접받으면 즐겁게 대응하라.

<u>16</u> 호찌민은 일 년 내내 여름이고 실리·실용적 문화가 강하고 유행에 민감한 분

위기가 있다.

17 하노이는 4계절이 있고 보수적인 성향이 강하며 프리미엄 제품을 선호하는 분위기가 있다.

18 무언가 요구하면 주되, 기브 앤 테이크하라(회계 처리 곤란한 경우 기부금 처리할 것).

19 신규 진출 시 경험 많은 PM사를 활용하라.

20 처음 거래처 방문 시 선물이나 기념품(상대방 존중 의미) 준비는 필수다.

21 국영 기업 의사 결정은 상당 시일 소요되니 조급함은 금물이다.

22 비즈니스 맺고 끊음이 불분명한 경향이 있고, OK(Yes가 아님)는 습관적 긍정 표현이니 유의하라.

23 여성 존중 사회이고 여성의 경제 참여 활발하니 여성 사업파트너를 존중하라.

24 계약 시 완전 이행될 때까지 안심은 금물이다(일방적 취소나 변경 요구 다반사니 문서화하라).

25 비즈니스 곡해를 줄이기 위해 고급 통역사를 채용하라.

26 영문 회신 느리고 직접 대화를 선호하는 경향 있으니 이메일보다 전화로 연락하라.

27 사업 지분 구조는 J/V(합작법인)보다는 100% 외국인 단독이 유리하다.

28 철저한 현지화 전략을 세우고 현지 직원을 신뢰하되 검증하라(상시 크로스 체크 시스템 도입하라).

29 네이밍이 중요하다['마린보이' (고래밥)처럼 서양식을 선호하는 경향이 있다].

30 비즈니스는 공식 미팅보다 개별 접촉이 유리하고 또 자주 할수록 유리하다.

31 해외 사업 경험 부족하다면 사전 타당성 검토를 충분히 하라.

32 자본 부족 시 소상공인 기업 펀드 조성해 합동 진출하라.

33 베트남은 개별 도시 국가(남·북 간, 도·농 간 격차 있다)라는 점을 인식하고 시장 차별성에 주의하라.

34 최첨단 기술 낙후·혼재 사회라는 점에 유의하라.

35 작은 선물을 자주 하고, 식사나 술자리를 자주 가져라.

36 투자 인허가를 빨리 받으려면 완벽한 법리적 대응과 '위·아래·중간'을 동시 공략하라(최고위직 'Top Down'+일선 담당자 'Bottom Up' 동시 진행됨).

37 불투명성과의 싸움에서 이기려면 미로를 통과할 각오와 준비가 요구된다.

38 현지 이성 문제, 현지인 차명 사용 문제는 애정과 사업을 분리해 잘 판단하라.

39 나이에 따른 호칭은 존중하고 애정과 관계는 대등한 경향이 있다.

40 초기 비용·법인 손비 인정받으려면 역외 계좌 개설하고 입금해서 사용하라(외투 법인 설립 시까지).

41 외투 법인 설립 허가 획득 후 90일 이내 정관 자본금 납입해야 한다[총투자 자본금=정관 자본금(법정 자본금)+대출 자본금(타인 자본금)].

42 베트남 종업원의 이직률은 높은 편이다.

43 대표와의 맞담배, 운전기사가 사장과 한 밥상 식사 등 베트남 평등 문화에 주의하라.

44 '뒤끝'에 주의하고 금전 관계와 법적인 부분 일처리는 철저히 하라.

45 자존심이 강한 민족임을 인지하고 칭찬을 자주 하고(포상 문화 도입), 다른 사람 앞에서 지적하거나 야단치는 것을 삼가라.

46 뾰족하거나 검은색 물건(스카프, 넥타이, 손수건) 선물은 삼가라.

47 '반중 감정'에 주의하라(한국의 '반일 감정'보다 더 심각하다).

48 돈 있는 것 티내지 말고 검소한 모습을 보여라(세금 추징 피하기).

49 주위 사람, 지역 사회에 관심을 기울이고 도움을 주어라(위기 때 그들이 도와준다).

50 친근감을 더하려면 기초 베트남어라도 구사하라.

베트남 부동산 임대 절차

1. 본인 예산 고려해 알맞은 부동산 찾기

① 홈페이지: http://batdongsan.com.vn/english
   - 베트남 최대 부동산 중개 사이트, 영어 제공
② 페이스북에 '아파트명+rent' 검색해 시세 파악
③ 부동산 업체에 문의
   - 물론 K-VINA센터에 문의하면 모든 서비스를 제공받을 수 있다(하노이, 호찌민, 붕따우 등 주요 도시의 경우 별도 추가 수수료 비용 없이 서비스 제공).

2. 부동산 업체를 통해 집주인과 일정 조율 후 아파트 방문

▶ 방문 2~3일 전에 사전 연락을 하는 것이 좋다.
▶ 집 볼 때 주의사항
   - 집을 둘러볼 때 내부 구조와 고장난 부분의 사진을 찍어두면, 나중에 최종 임대차 결정을 할 때나 최종 임차 기간 만료 후 이사 갈 때 또는 집주인과의 마찰을 피할 때 도움이 된다.
   - 베트남인의 특성상 불리할 때는 전화를 거의 받지 않기 때문에 반드시 중개 업체를 통해서 진행하는 것이 좋다.

- 임차 전 발생된 관리비 및 수도세 완납 여부를 확인해야 한다.
- 주재원일 경우 회사에서 임차료를 지불한다. 이럴 경우 세금계산서 발급 절차가 번거로워 집주인이 꺼려하는 경우가 있기 때문에 세금계산서 발급 가능 여부를 계약 전에 반드시 확인해야 한다.

3. 아파트 소유주 확인 및 가계약

▶ 주의 사항
- 임대인과 직접 계약해야 하며, 핑크북을 확인하고 임대인의 주택 소유권 증명서 또는 매매계약서를 통해 소유주(주민증)와 동일인임을 반드시 확인해야 한다.
- 아파트를 계약하고 싶을 경우 그 자리에서 보증금의 10% 정도의 현금을 지급한다. 사기 사례가 많기 때문에 이때 반드시 영수증을 요청해야 하고, 가계약 시 문자나 이메일 등으로 반드시 증거를 기록해야 한다.

4. 임대차계약서 작성

▶ 임대차계약서를 체결하고 잔여 보증금+선급 임대료를 납부한다.
▶ 주의 사항
- 임대 기간은 일반적으로 1년 단위다.
- 베트남은 전세가 없이 모두 월세다.
- 보증금은 1~2개월의 월세액이며, 계약 시 보증금과 6개월 선납 또는 보증금과 1개월치 월세를 내는 경우가 대부분이다.
- 가전제품과 열쇠를 지급받을 때 이후의 사기를 예방하기 위해 가전제품 리스트를 반드시 작성하고 집주인의 서명을 받아야 한다.

- 세금계산서 발행 여부를 필히 확인해야 한다. 베트남은 세금 환급이 되지 않으며 손비 처리용으로 사용된다. 세금 계산은 과세 기준 금액을 90으로 하고, 거기에 임대부가세 5, 개인소득세 5로 계산하는 방식이라는 점이 우리나라와 다르다(베트남: 90+5+5=100, 한국: 100×10%=110).
- 계약 시 사무실인지 또는 주거용인지 임차 목적을 분명히 해둬야 한다 (거주용 아파트는 원칙적으로 사무실로 임대가 안 된다).
- 임대료, 관리비 납부 일자, 납부 방식을 확인해야 한다.
- 고장 사항에 대한 수리 기간을 계약서에 반드시 기입해 차후 차일피일 미루는 것을 미리 방지해야 한다.
- 차후에 법인 설립을 하게 될 경우 법인 명의로 계약서 재작성을 요구할 계획이라면 미리 정리해서 계약서에 반드시 기입해두는 것이 좋다.

5. 이사 후 거주 신고

▶ 준비 사항
- 여권
- 비자 또는 임시거주증
- 최근 입국 일자의 스탬프가 찍혀 있는 여권 페이지

K-VINA비즈센터 소개

서비스

① 한국과 베트남·캄보디아·미얀마·아시아 등 해외 기업들의 상호 사업 진출
및 투자 활성화 지원

② 해외 산업·투자·창업 관련 정보 제공 / 기업 간 사업 매칭

③ 구인·구직 일자리 매칭 및 창업 컨설팅 지원

④ 베트남 아세안 최고위과정 / 베트남어 집중과정
– 해외비즈 최고경영자 전문가 교육(한국외대–한국경제TV)

⑤ 해외 시찰단 / 부동산 투자 여행(해외 부동산 정보 플랫폼) / 산업·부동산·
투자·창업 세미나 / 박람회 개최

'K-VINA' 의미

'K'는 한국(Korea)과 한국경제TV(Korea Business News)를 의미하고, 'VINA'
에는 한·베트남 및 인도 등 아세안 지역 사업 교류 협력 허브 역할의 의미가 담
겼다.

연혁

2019. 5. 30   베트남 투자청과 함께하는 자동차 화장품 포럼 in 하노이

2019. 3. 26   베트남 람동성(달랏시) 투자 콘퍼런스 in 서울

2019. 2. 27   2019 캄보디아 투자 대전망 콘퍼런스

2018. 12. 13   2019 베트남 투자 시장 대전망 세미나

2018. 11. 29   한경TV–베트남 기획투자부(MPI) 투자청(FIA) 업무 협약

2018. 9. 6   한경TV–호찌민시 무역투자청(ITPC) 업무 협약

2018. 7. 3   한경TV–대외경제정책연구원 '신남방 정책과 한·인도 협력의 미 래' 세미나

2018. 5. 25   한경TV–달랏시, 스마트시티 개발 업무 협약

2018. 5. 14   한경TV–대한상공회의소 '2018 베트남 투자 전략 세미나'

2018. 2. 28   베트남 시찰단 1기 등 현지 시찰단 과정 시작

2018. 2. 3   한경TV–한국외대 베트남어 교육과정 1기 시작

2018. 1. 30   한경TV–한국외대 베트남 아세안 비즈 최고위과정 1기 시작

2017. 12. 18   한경TV–한국외대, 아세안 전문가 교육 업무 협약

2017. 11. 23   K-VINA비즈센터 공식 출범 및 베트남 세미나 개최

주요 센터 추진 프로그램

컨설팅 부문

진출 조언/자문

-기초

-법무

-세무

-노무 등

투자 물건 소개/브리핑

-M&A

-부동산

-사업/창업 등

현지 시찰 부문

시찰 프로그램

-정부 기관 미팅 / 업무 협약

-기업 비즈니스 매칭

-유망 부동산 답사

-성공 기업 탐방

-현지 세미나 등

투자 여행

-부동산 계약

-계좌 개설

-주식 / 펀드 등

콘퍼런스 및 교육 부문

콘퍼런스 통합 서비스

-행사 기획, 현장 운영

-VIP 의전, 장비 렌탈

-POP 제작, 행사 홍보 등

해외 비즈 전문가 교육

-베트남 아세안 최고위과정

-베트남어 집중과정

K-VINA Biz Center

우)06159 서울 강남구 테헤란로 423(삼성동, 현대타워) 9층
Hyundai Tower 9F, 423, Teheran-ro, Gangnam-gu, Seoul, Korea
TEL. 02-2039-2004 I FAX. 02-3454-0770 I kvina@wowtv.co.kr
www.kvina.co.kr

참고 자료

경향신문, http://www.khan.co.kr/

네이버 지도, http://map.naver.com/

대외경제정책연구원, http://www.kiep.go.kr

대한민국 외교부, http://www.mofa.go.kr

《동남아 음식여행》, 김동욱, 김영사

두산백과, http://www.doopedia.co.kr

리걸인사이트, http://legalinsight.co.kr

베트남 공산당(Communist Party of Vietnam), http://www.cpv.org.vn

베트남 과학기술부(Ministry of Science & Technology), http://www.most.gov.vn

베트남 관세청(Vietnam General Customs Office), http://www.customs.gov.vn

베트남 교육훈련부(Ministry of Education and Training), http://www.moet.gov.vn

베트남 교통부(Ministry of Transport), http://www.mt.gov.vn

베트남 국회(Vietnam National Assembly), http://www.na.gov.vn

베트남 기획투자부(Ministry of Planning and Investment), http://www.mpi.gov.vn

《베트남에서 보물찾기》, 곰돌이 CO, 아이세움

베트남 외교부(Ministry of Foreign Affairs), http://www.mofa.gov.vn

베트남 재정부(Ministry of Finance), http://www.mof.gov.vn

〈베트남 전력 개발 마스터플랜〉

베트남 정부, http://www.chinhphu.vn/portal/page/portal/English

베트남 통계청(Vietnam General Statistical Office), http://www.gso.gov.vn

베트남 e-Visa, http://www.vietnam-evisa.org

베트남 보건부(Ministry of Health), http://www.moh.gov.vn

베트남 산업무역부(Ministry of Industry and Trade), http://www.moit.gov.vn

산업일보, http://www.kidd.co.kr/news/

365business, http://sodacaocap.com

신짜오 베트남, http://www.chaovietnam.co.kr/

신한은행 자료

연합뉴스, http://www.yonhapnews.co.kr/

위키백과, https://ko.wikipedia.org/wiki/

유튜브, https://www.youtube.com

이정회계법인 자료

조선비즈, http://biz.chosun.com/

코베캄, http://blog.naver.com/bonsng

텐바이텐, http://www.10x10.co.kr

하노이 한국 국제학교 홈페이지, http://kshcm.net

한국경제신문, http://www.hankyung.com/

한국경제TV, http://www.wowtv.co.kr/

한국 수출입은행, http://www.koreaexim.go.kr

허세드, http://www.hessedwd.com/sub02.php?view0201=1

현대건설, http://www.hdec.kr/

———

Abvietnamtravel, http://www.abvietnamtravel.com/

Ancient World History, http://earlyworldhistory.blogspot.kr/

BBC, http://www.bbc.com/vietnamese

CEMA(the Committee for Ethnic Minorities, 소수민족 관리위원회)

CIA, http://www.cia.gov

Gettyimages, http://mbdrive.gettyimageskorea.com/intro

Homea, http://www.homea.vn/

IMF(국제통화기금), http://www.imf.org

JP법무법인 자료

KOTRA(대한무역투자진흥공사), http://www.kotra.or.kr

K-VINA비즈센터 자료

Mailinh Taxi, http://mailinh.vn

Rongbay, http://rongbay.com

TOPICA Founder Institute, http://ivy.topica.asia/tfi/

UN국제학교 홈페이지, http://www.unishanoi.org

VBN, http://vietnambreakingnews.com

VGP News, http://news.chinhphu.vn

Vietbao, http://vietbao.vn/vn/gia-ca-thi-truong/

Vietnamgo, http://Vietnamgo.co.kr

Vinasun Taxi, http://www.vinasuntaxi.com

대도약기를 앞둔 베트남 시장을 선점하라.
베트남 진출 전 철저한 사전 연구와 현장 조사를 통해 성공 확률을 높여라.
베이비붐 세대여, '기회의 땅'에서 인생 2막을 열어라.

베트남 부동산 · 주식 · 산업 투자 가이드

하루 만에 끝내는 베트남 대박투자

제1판 1쇄 발행 | 2019년 7월 12일
제1판 2쇄 발행 | 2019년 7월 23일

지은이 | 김현수 · 유은길
펴낸이 | 한경준
펴낸곳 | 한국경제신문 한경BP
외주편집 | 이근일
저작권 | 백상아
홍보 | 서은실 · 이여진 · 조혜림
마케팅 | 배한일 · 김규형
디자인 | 지소영
본문디자인 | 디자인 현

주소 | 서울특별시 중구 청파로 463
기획출판팀 | 02-3604-553~6
영업마케팅팀 | 02-3604-595, 583   FAX | 02-3604-599
H | http://bp.hankyung.com   E | bp@hankyung.com
F | www.facebook.com/hankyungbp
등록 | 제 2-315(1967. 5. 15)

ISBN 978-89-475-4497-9 03320